AF734176

DER FRONBOTE

IM MITTELALTER

NACH DEM SACHSENSPIEGEL UND DEN VERWANDTEN RECHTSQUELLEN.

EIN BEITRAG ZUR DEUTSCHEN RECHTSGESCHICHTE

VON

DR. JUR. CHRISTIAN ECKERT.

LEIPZIG,
VERLAG VON VEIT & COMP.
1897.

Druck von Metzger & Wittig in Leipzig.

Vorwort.

Die deutsche Rechtsgeschichte zeigt Erscheinungen, die auf altheimischem Boden erwachsen, unbeeinflußt durch störende Hemmnisse sich im Laufe der Jahrhunderte erstarkend entwickeln, gegen Ausgang des Mittelalters allmählich wieder von ihrer Höhe herabsteigen, um dann beim Hereinfluten römischer Rechtsanschauungen einer totalen Umwandlung der Verhältnisse zu erliegen. Die Blüteentfaltung einer solch echt germanischen Institution, des Fronbotenamtes, darzustellen ist die Aufgabe dieser Abhandlung.

Zeitliche und räumliche Umgrenzungen waren dabei von nöten. Zeitliche um deswillen, da wir nur für die kurze Spanne vom 12. bis 14. Jahrhundert auf reichem Quellenmaterial fußen können, für die ferner liegenden Perioden dagegen meist auf Rückschlüsse angewiesen bleiben; ein Grund, der auch dazu drängte, die Entstehung des Fronbotenamts erst im zweiten Teile, gelegentlich der Sonderuntersuchungen über westfälische Verhältnisse zur Sprache zu bringen. Räumliche insofern, als wir nicht hoffen durften, das weiter liegende Ziel einer Entwickelung des gesamten mittelalterlichen Gerichtsvollzieherwesens zu erreichen, sondern uns bescheiden mußten, ein Bild des Fronboten in enger gesteckten Grenzen zu entwerfen, soweit nämlich der Sachsenspiegel, die ihm folgenden Bearbeitungen und Glossen und die der Heimat des genannten Rechtsbuches entstammenden urkundlichen Nachrichten eine gesicherte Schilderung ermöglichen. Freilich sollte trotz dieses Gesichtspunktes nicht jeder weitere Quellenbeleg kleinlich beiseite geschoben werden; vielmehr sind benachbarte wie süddeutsche Rechtsaufzeichnungen in reichem Maße, wenn auch mehr zwecks vergleichsweiser Illustration des jeweils Gesagten herangezogen worden.

Die weiter behandelten städtischen und bäuerlichen Sonderbildungen mögen die dem Grundtypus verwandten Erscheinungen zur Anschauung bringen.

Nicht verfehlen möchte ich, an dieser Stelle meinem verehrten Lehrer Herrn Prof. Dr. Arthur B. Schmidt (Gießen) den herzlichsten Dank auszusprechen für die fördernde Anregung, die er mir während des Entstehens und Fortschreitens dieser Arbeit zu teil werden ließ, wie für die große Liebenswürdigkeit, mit der er seine reichen litterarischen Hilfsmittel mir stets zur Verfügung stellte. Zu lebhaftem Danke bin ich auch gegenüber den Herren von der Mainzer Stadtbibliothek, insbesondere Herrn Oberbibliothekar Professor Dr. Velke verpflichtet, dessen freundliches Entgegenkommen mir ermöglichte, nicht nur die Mainzer Büchersammlung, sondern auch die der benachbarten Universitätsstädte und die Großherzogliche Hofbibliothek zu Darmstadt in ausgiebiger Weise für meine Studien zu verwerten. Gleichen Dank schulde ich Herrn Prälaten, Domkapitular Dr. Fr. Schneider, sowie Herrn Assistenten Dr. Schäfer, welche mir die Benutzung der Mainzer Seminarbibliothek wesentlich erleichterten.

Mainz, den 16. März 1897.

Christian Eckert.

Inhalt.

Zweiter Teil.

Abweichende Sonderbildungen.

§ 1.

Geschichtliche Vorläufer des mittelalterlichen Vollzugsorganes.

Die Findung des Rechts, der Entscheid, welchem Verlangen nach der herrschenden Ordnung genügt werden darf, hat immer etwas unfertig Provisorisches gegenüber der Möglichkeit, das gefundene Urteil zu verwirklichen. Kann ja der Widerstrebende meist erst durch die Energie des Zwanges dahin gebracht werden, den einem subjektiven Rechte entsprechenden thatsächlichen Zustand herzustellen. Die Lösung dieses Problems hat die Gesamtheit der Volksangehörigen auf verschiedene Weise versucht. Bald ließ sie alle Rechtsgenossen an der Durchführung des notwendig gewordenen Zwanges sich beteiligen, bald wieder übertrug der Staat einem seinem Organe neben anderen Funktionen auch die der Exekution, schließlich entschloß er sich sogar, neue selbständige Ämter zur Erledigung der genannten Aufgaben zu schaffen. Der germanische Rechtsgang führt uns diese Möglichkeiten in historischer Entwicklung vor Augen.

Die älteste Zeit kannte zwei Mittel des Zwanges gegen den Schuldigen, die Selbsthilfe[1] und die Friedloslegung. Bei letzterer war Träger und Organ der vollstreckenden Strafgewalt die Genossenschaft,[2] welche der Missethäter sich zum Feinde gemacht hatte,[3] in Fehdesachen die beleidigte Sippe, in Achtsachen die Gesamtheit der Stammesglieder überhaupt. Der das ganze deutsche Staatsleben beherrschende Gedanke einer Anteilnahme aller Freien an den öffentlichen Angelegenheiten

[1] „Die Grundidee, auf welcher das Institut der Vollstreckung aufgebaut ist“, v. Amira, Vollstreckungsverfahren XVI.

[2] Brunner, R.G. II 585. Vgl. I § 21 S. 156ff. v. Amira, Vollstreckungsverfahren S. 40.

[3] Dies zeigt sich auch in seinem Namen; er heißt *exlex*, angelsächsisch ûtlah, nordisch útlagr, mittelniederdeutsch uutlag, mittelhochdeutsch êlôs, echtelôs, rechtelôs. Vgl. Brunner, R.G. I 166. Schröder, R.G. § 12 S. 75. v. Amira, Vollstreckungsverfahren S. 9.

tritt auch hier zu Tage.[1] Dabei konnte jedoch ursprünglich nur von „Strafvollzug“,[2] nicht aber schon von eigentlicher Exekutive, im Sinne von „zwangsweisem Genügethun“ die Rede sein.

Innerhalb des Systems der Friedloslegung, d. h. des Ausschlusses von der weltlichen Rechtsgemeinschaft entfaltete sich dann schon frühe ein sakrales Strafrecht. Bei besonders schändlichen und sündhaften Thaten[3] wollte man sich nicht begnügen, dem Schuldigen den Rechtsschutz zu entziehen und ihn für vogelfrei zu erklären,[4] er sollte vielmehr zur Versöhnung der Götter in feierlicher Weise geopfert werden. Der Priester,[5] welcher die Hinrichtung als Kultushandlung vollzog, ist der erste Henker gewesen. Er war der erste Staatsdiener, welcher die Pflicht der Vollstreckung nicht mehr bloß gelegentlich wie alle Volksgenossen, sondern neben anderen Funktionen als ihm eigentümliches Amt übernahm.[6]

Der einmal entstandene Gedanke, die Vollstreckung der Friedlosigkeit sowohl wie auch ihrer Abspaltungen sei nicht Sache der Allgemeinheit,[7] war dann in merovingischer Zeit allmählich erstarkt und kam mit der Steigung der Staatsgewalt nach Beginn der fränkischen Periode immer weiter zum Durchbruch. Schließlich fiel jeglicher Vollzug fast vollständig dem öffentlichen Beamtentum anheim. Daß man zugleich die Sühne im Wege der Selbsthilfe in engere Grenzen zu weisen trachtete,[8] scheint nach dem Gesagten nicht auffällig.

Der nächstliegende Fortschritt ist die Ermöglichung einer Exekution zur direkten Befriedigung von Ansprüchen, welche nun als selbständiges

---

[1] Vgl. Brunner, R.G. I 144, II 226.

[2] Vgl. v. Amira, Recht S. 199.

[3] Vgl. Brunner, R.G. I S. 175.

[4] Im Folgenden schließe ich mich Brunner an, welcher die Menschenopfer nicht unter den Gesichtspunkt eines Systems öffentlicher Strafen bringt, sondern sie in den Rahmen der Friedlosigkeit sich einfügen läßt. Brunner, R.G. I 176, II 468 Anm. 2. Dort auch Belege. Anderer Meinung z. B. v. Amira, Recht S. 177. Vgl. noch Schröder, R.G. § 12 S. 74, § 13 S. 86.

[5] Vgl. v. Amira, Recht S. 199. Brunner, R.G. II S. 468 ff.

[6] Ohne daß damit die Vollziehung der Todesstrafen schlechtweg priesterliches Monopol geworden wäre. Spiegelt sich ja noch in später Zeit die Idee der durch die Gesamtheit vollstreckbaren Acht deutlich in jenen Todesstrafen wieder, bei denen die Hinrichtung des Verbrechers mit gesamter Hand erfolgte. Vgl. Grimm, R.A. 693. Wilda, Strafrecht S. 505. v. Amira, Vollstreckungsverfahren S. 165. Für spätere Zeit z. B. „Hängen mit gesamter Hand“ Grimm, R.A. 885. Über den Strafvollzug durch außeramtliche Organe in fränkischer Zeit vgl. Brunner, R.G. II 473.

[7] Vgl. v. Amira, Vollstreckungsverfahren S. 40 ff. Brunner, R.G. II S. 227, 488, 585 ff.

[8] Vgl. Brunner, R.G. II 331.

Verfahren aufkommt. Anfänglich im altfränkischen Recht nur für gelobte Bußschuld, wenn der Verfolgte durch förmliches Urteilserfüllungsversprechen das Achtverfahren abwandte, geschaffen, wird die richterliche Pfändung der beweglichen Habe des Schuldners im letzten Viertel des sechsten Jahrhunderts auch beim Ungehorsamsverfahren zulässig. Unter den Karolingern erscheinen dann die Anfänge einer das ganze Vermögen, auch die Liegenschaften, ergreifenden „Fronung“ mit exekutivem Charakter.[1] Die neuen Aufgaben forderten neue Kräfte; wen unter den Königsdienern sollte man damit betrauen? Der vornehmste zur „Vollstreckung“ verpflichtete Beamte jener Zeit ist der altfränkische „grafio“, der Graf. Er hatte nicht nur die Sicherheitspolizei zu üben und flüchtige Verbrecher zu verfolgen, sondern das Gerichtsvollzieherwesen insgesamt stand unter seiner Leitung. Schon in merovingischer[2] Zeit war er es, der die Exekution von Lebens- und Leibesstrafen befahl, auch noch in karolingischer Periode hatte er die Vollstreckung öffentlicher Strafen zu überwachen,[3] die gerichtliche Pfändung der Fahrhabe, die Fronung der Grundstücke vorzunehmen. Ihm zur Seite standen nach der *lex Salica* die Sacebaronen,[4] welche sich durch ihr dreifaches Wehrgeld gleich den Grafen als königliche Beamte erweisen.[5] Zahlreich sind die Versuche, ihr Wesen mit unserem sonstigen Wissen über die fränkische Gerichtsverfassung in Einklang zu bringen. Die gewichtigsten Stimmen hatten sich bis vor kurzem für eine urteilende Thätigkeit der Sacebaronen im Volksgerichte ausgesprochen, wobei man aber wiederum bei näherer Bezeichnung der Art ihrer Stellung weit auseinander irrte.[6] Sohm[7] hat das Verdienst, zuerst eine neue Richtung eingeschlagen, ihre exekutorische Thätigkeit, das Eintreiben von Gefällen, betont und hervorgehoben zu haben. Ganz befriedigen konnte

[1] Vgl. Brunner, R.G. II 331, 332. Für nordische Rechte v. Amira, „Recht“ S. 199, 200.

[2] Childeb. II decretio c. 4, 8 Cap. (Boretius) p. 16f.

[3] Vgl. Waitz, V.G. II, 2 S. 31ff. Schröder, R.G. § 19 S. 129. Brunner, R.G. II S. 166, 473 und § 117. Weber, Centenar S. 46.

[4] Über die Etymologie des Wortes vgl. Schröder, R.G. § 19 S. 125 Anm. 2. Brunner, R.G. II 152 Anm. 16. Anders z. B. Grimm, R.A. S. 783. Kögel, Sagibaro 14—23.

[5] Lex Sal. 54, 2.

[6] Vgl. Eichhorn, R.G. I S. 404 Anm. 9. Grimm, R.A. S. 783. Maurer, Gerichtsverfahren S. 19ff. Unger, G.V. S. 197. Waitz, Das alte Recht S. 140ff. Walter, R.G. § 616 II S. 279. Anders z. B. Wilda, Strafr. S. 418 Anm. 3. Rogge, S. 69ff. Ganz abschweifende Auffassungen bei Sachsse, Grdl. S. 287, 293 und v. Daniels, I S. 564ff.

[7] Sohm, Prozeß S. 231ff. und vor allem Fränkische Verfassung S. 84ff. Vgl. noch Lehmann, Rechtsschutz S. 10ff.

seine Erklärung, die Sacebaronen seien als Vollstreckungsbeamte der Hundertschaft die Vorgänger der späteren Schultheißen gewesen, freilich nicht. Es blieb den neuesten Untersuchungen BRUNNERS[1] vorbehalten, durch eine wenn vielleicht auch nicht evidente, so doch sehr einleuchtende, ansprechende Vermutung, des Rätsels Lösung näherzukommen. Ihm sind nach Analogie der Wittiskalke[2] der *lex Burgundionum* die Sacebaronen vom Könige ernannte Beamte, die, ohne an ein räumliches Gebiet gefesselt zu sein, die herrschaftlichen Rechte, insbesondere auf Bußen und Gefälle geltend zu machen hatten, wohl auch für die Vollstreckung königsgerichtlicher Urteile und königlicher Befehle überhaupt Sorge trugen. Folgen wir dieser Ansicht,[3] dann müssen wir in ihnen die ersten vollkommenen Exekutivbeamten erblicken. Waren Priester und „grafio", abgesehen von Genossenschaftverbänden, schon früher mit exekutiver Thätigkeit neben anderen Pflichten betraut worden, so tritt hier zum erstenmale ein Beamtentypus auf, der ganz eigentlich für „die Vollstreckung" geschaffen scheint und nicht bloß gelegentlich mit ihr bewidmet wird.

Aber noch stand die Entwickelung nicht stille. Die Macht der Grafen[4] war in der fränkischen Periode fortdauernd im Aufsteigen begriffen, während die übrigen ihnen ursprünglich gleich oder vielleicht auch übergeordneten Beamten, wie z. B. die Sacebaronen, teils verschwanden, teils in eine von ihnen abhängige Stellung herabgedrückt wurden. Die Gauverwaltung in allen ihren Beziehungen war in die Hände des Grafen gefallen, die Rechtspflege, bei welcher er bisher nur eine leitende, überwachende Stellung eingenommen hatte,[5] wußte er vollends an sich zu reißen. Nach Beseitigung des *thunginus* wurde er auch mit rein richterlichen Funktionen betraut. Bei solch einer Fülle von Beschäftigungen mußte er eine Entlastung suchen. Sie fand sich in Übertragung der sicherlich schon am wenigsten begehrten Vollstreckungsgeschäfte[6] auf die fränkisch-karolingischen Centenare.

Unter diesem Gesamtnamen sind die einzigen ordentlichen Unterbeamten der Grafen zu verstehen, welche nach der spätestens unter

---

[1] BRUNNER, R.G. II S. 151ff.

[2] Lex Burg. 76, 1: *pueros nostros qui iudicia exequuntur, quibusque multam iubemus exigere* ... Bei WALTER, C.J.G. S. 338. Vgl. noch lex Burg. 49, 4. Bei WALTER, S. 328.

[3] Ihr hat sich neuerdings SCHRÖDER, R.G. § 19 S. 125 angeschlossen. Vgl. noch WEBER, Centenar S. 45.

[4] Vgl. BRUNNER, R.G. II 171. WEBER, Centenar S. 45.

[5] Vgl. LEHMANN, Rechtsschutz S. 6ff.

[6] Vgl. SCHRÖDER, R.G. § 19 S. 129. WEBER, Centenar S. 46.

den ersten Karolingern erfolgten Gleichstellung der romanischen Vikarien und austrasischen Centenarien im ganzen Reiche in gleicher Weise[1] zu finden waren. Ihre hauptsächliche Aufgabe war die Verrichtung der niederen Dienste im Heer- und Verwaltungswesen. Sie hatten aber vor allem auch die Funktionen, welche zu der Zeit der Reichsgründung Graf und Sacebaro übernommen hatten. Der Centenar übte unter Oberaufsicht seines Vorgesetzten nicht nur die Sicherheits-, Verkehrs- und Marktpolizei, er hatte auch die Mobiliarpfändungen[2] vorzunehmen, um dem im Prozeß siegreichen Kläger die *Compositio* zu verschaffen, Gefängnis und Vollstreckungsgeräte zu behüten,[3] bei jeglicher Verurteilung zu peinlicher Strafe die schließliche Exekution anzuordnen. Er war in karolingischer Zeit durchaus der Gerichtsvollzieher[4] des Civil- und Strafprozesses, wenn wir für eine so frühe Periode schon diese modernen Ausdrücke gebrauchen dürfen.

Nach und nach fiel aber auch ihm eine gewisse richterliche[5] Thätigkeit anheim, er ward zum Mandatar des Grafen im gebotenen Ding; aus dieser Vertretungsbefugnis hat sich dann seit dem neunten Jahrhundert allgemach ein Recht entwickelt. Das Amt des Centenars bildete sich langsam zu dem eines Unterrichters um, er ist wenigstens in zweiter Linie zum „Gerichtspräsidenten“ geworden, wie dies schon früher mit dem Grafen geschehen war, nur daß er nicht neben dem ursprünglichen Inhaber dieser Würde, sondern für ihn wirksam wurde. Die vollstreckende Thätigkeit hat er freilich noch lange beibehalten und gerade in dieser Vereinigung richterlicher wie exekutiver Befugnisse in einer Person ist unseres Erachtens ein Rückschritt dem nächstzurückliegenden Zeitraum gegenüber zu erblicken. Die Verteilung „rechtsprechender“ und „zwingender“ Thätigkeit hatte eine Eigentümlichkeit fränkischer Gerichtsverfassung zur Zeit der *lex Salica* ausgemacht.[6] Der kraft Volkshoheit berufene *thunginus* setzte einen Anspruch fest, der königliche Regierungs-

---

[1] Vgl. Brunner, R.G. II S. 174ff. bes. 177. Schröder, R.G. § 19 S. 126. Anderseits Sohm, Fränkische Verfassung S. 213ff. Weber, Centenar S. 7—28.

[2] Cap. leg. add. a. 818. 819 c. 11 Cap. I (Boretius) p. 283.

[3] Stat. Rhispaccensia a. 799. 800 c. 15 Capit. I (Boretius) p. 228. Cap. Aquisgran 801—813 c. 11 Cap. I (Boretius) p. 171: *„ut comites, unusquisque in suo comitatu carcerem habeant; et iudices atque vicarii patibulos* (Galgen) *habeant.“*

[4] Vgl. Schröder, R.G. § 19 S. 126, 127. Brunner, R.G. II 177. Sohm, Fränkische Verfassung S. 262. Weber, Centenar S. 31ff., 46, 48ff.

[5] Vgl. Weber, Centenar S. 52—64. Schröder, R.G. § 25 S. 167. Brunner, II 178.

[6] Vgl. Sohm, Fränkische Verfassung S. 98ff.

beamte, der Graf, mußte ihn kraft Amtsgewalt vollstrecken.[1] Und als dann letzterer selbst zum Richter geworden war, da hatte er in Kürze die Exekutive an den Centenar-Schultheiß weiterbegeben müssen. Mit diesem Prinzip der Trennung der Gewalten hatte man nun für Jahrhunderte gebrochen. Erst nach Beginn des Mittelalters, da in den Landgerichten eine neue eigentümliche Persönlichkeit für Botendienst und Urteilsvollstreckung, der Fronbote, Büttel, Weibel, *praeco*,[2] auftaucht, sollte in jener Hinsicht Wandel geschaffen werden. Ehe jedoch zu diesem übergegangen werden kann, ist noch ein Augenblick bei der fränkischen Periode zu verweilen.

Bislang wurde behauptet, jegliche Vollstreckung habe nach fränkischem Recht in ältester Zeit dem Grafen späterhin dem Centenar-Schultheißen[3] obgelegen. Dies gilt indes nur mit einer gewissen Einschränkung und ist nicht ganz wörtlich zu nehmen. Einer manuellen Ausführung der ihnen übertragenen Pflichten haben sie sich beide wohl niemals unterzogen.[4] Die physische Machtäußerung der öffentlichen Gewalt, das direkte Anfassen des Delinquenten und die körperliche Vollziehung der peinlichen Strafen war im fränkischen Reich vielmehr Sache unfreier Schergen (*milites*, *satellites*, *lictores*). Es hätte eines freien Menschen unwürdig erschienen, derartige Knechtsdienste zu thun. Die genannten Subalternen werden schon in den frühesten Quellen[5] unter mannigfachen Bezeichnungen erwähnt. Sie erweisen sich jedoch als durchaus im Privatdienst stehende gräfliche Diener, welche mit der Verfassung und Organisation der Gerichte gar keinen Zusammenhang haben.[6] Da sie einfache, nicht einmal freie, Untergebene der öffentlichen Beamten waren, mußten diese die volle und ungeteilte Verantwortlichkeit für ihr Thun übernehmen und wurden durch einen etwaigen Auftrag an sie nicht entlastet. Erst nachmals in weit späterer Zeit haben sich aus ihnen öffentlich[7] angestellte Organe

[1] Vgl. Schröder, R.G. § 25 S. 164.

[2] Vgl. Waitz, V.G. VIII S. 79 ff. Schröder, R.G. § 49 S. 549. v. Amira, Recht S. 192.

[3] Auf den außerdem vorkommenden *tribunus* ist bei dieser gedrängten Übersicht nicht näher einzugehen. Ich verweise auf Schröder, R.G. S. 126. Brunner, R.G. II § 32 S. 180 ff. Sohm, Fränkische Verfassung S. 230 ff. Weber, Centenar S. 32 Anm. 2 und die dort Citierten.

[4] Vgl. Sohm, Fränkische Verfassung S. 235, § 21 S. 531 ff. Weber, Centenar S. 32, 50. Schröder, R.G. § 25 S. 164 Anm. 7.

[5] Vgl. die von Sohm, Fränkische Verfassung S. 531 Anm. 22 citierten „Leben der Heiligen" und Brunner, R.G. II S. 188. Waitz, V.G. II,2 S. 32 Anm. 2.

[6] Vgl. Sohm, Fränkische Verfassung S. 537. Schröder, R.G. S. 164 Anm. 7. Über den gotischen „sajo" und die Verhältnisse in Sachsen vgl. weiter unten.

[7] Vgl. Brunner, R.G. II 188. v. Amira, Recht S. 192.

entwickelt. Sie schon in der fränkischen Periode als „Vollstreckungsbeamte“ zu bezeichnen, ist daher nicht angängig. Es ist im Gegenteil unbedingt daran festzuhalten, daß in jenen frühen Jahrhunderten jede Art der Exekutive bei dem Grafen bezüglich Centenar lag und sich erst mit Beginn des Mittelalters eine Umbildung all dieser Verhältnisse vollzog.

§ 2.

Sprachliche Untersuchungen: „vronebode“ und „bodel“.

Die mittelalterlichen Rechtsquellen kennen nicht selten Bezeichnungen, welche untrüglich das Vorhandensein eines besonderen Gerichtsdieners für Botendienst und Urteilsvollstreckung beweisen. In verschiedener Gestaltung und mannigfacher Abwechselung ziehen diese Benennungen an uns vorüber, und fast will es zunächst scheinen, als ob für wenig andere Institute jener Zeit eine solche Fülle von Namen sich finden ließe. Und doch, gleichwie bei aller partikularen Ausgestaltung einzelne siegende Grundgedanken durch unser deutsches Rechtsleben immer wieder hindurchklingen, sind es auch hier nicht stets neue Wortgebilde, nicht auf durchaus verschiedener Sprachwurzel ruhende Ausdrücke, die uns begegnen, sondern es erscheint nur eine große Anzahl von Variationen derselben oder besser gesagt zweier Themen. „Vronebode“ und „bodel“, das sind die beiden Termini des Sachenspiegels, ja des uns zunächst interessierenden Rechtsgebietes des nördlichen Deutschlands überhaupt, und auf sie lassen sich die übrigen Bezeichnungen ohne große Mühe zurückführen.

Es kann und darf nicht die Aufgabe einer rechtshistorischen Untersuchung sein, allzu weit auf philologisches Gebiet überzuspringen. Subtile grammatikalische Zerlegungen von Wortbildern wird man daher an dieser Stelle nicht erwarten können. Gleichwohl scheint es angebracht, wenigstens in gewissem Maße eine sprachliche Erläuterung oder vielleicht auch Übersetzung und Verdeutschung unserer Begriffe zu versuchen.

Wenn wir heute den Ausdruck „Büttel“ vernehmen, verknüpft sich mit ihm die Vorstellung eines niedrigsten Gerichtsdieners, eines untergeordneten, unselbständigen Polizeiorganes. Ja noch mehr, dem Worte haftet eine geradezu verächtlich machende Nebenbedeutung[1] an,

---

[1] So schon in Hauschilds G.V. v. J. 1741 § 27 Anm. 8 am Ende S. 82. Vgl. auch Joachim Heinrich Campe, Wörterverzeichnis der deutschen Sprache, Braunschweig 1807, Bd. I S. 659. Adelung, W.B. Bd. I, Col. 1281; Heyne, W.B. Bd. I S. 524.

im gemeinen Leben ist es zum Beinamen für einen rohen, flegelhaften Menschen geworden, den jeder am liebsten schon von ferne meidet. Dies war nicht immer so. Keine verhaßte Begriffsvorstellung verknüpfte sich einstmals mit dieser Bezeichnung; der Büttel der früh mittelalterlichen Quellen ist eine, wenn auch gefürchtete, so doch stets geachtete und angesehene Persönlichkeit.

Die Wurzel des Ausdruckes kommt schon in unserem ältesten Sprachschatze vor. Graff[1] und Grimm[2] verzeichnen das althochdeutsche piotan = *nuntiare*. Es ist dasselbe Verbum, welches dann im Mittelhochdeutschen als biuten[3] (biute bôt, buten, geboten), im Neuhochdeutschen als bieten, gebieten, wiederkehrt. Aus dem zu Grunde liegenden Stamme haben sich schon in frühester Zeit andere Wortbildungen losgelöst, so im Althochdeutschen das Substantivum poto, putil, butil.[4] Dieses mußte sich weiteren Umwandlungen unterziehen, bis wir schließlich dem mittelhochdeutschen bütel,[5] dem mittelniederdeutschen (niedersächsischen) bodel,[6] boddel, dem modernen Büttel[7] begegnen. Der Terminus heißt aber auch da nichts weiter als ganz wörtlich „Der Bieter“[8] und ließe sich etwa in das unserem Ohre bekannter klingende „Der Gebietende“ übertragen. Daß die Bezeichnung eine treffende ist, daß die so benannte Gerichtsperson ihren Titel nicht mit Unrecht führt, daß sie wirklich etwas mit bieten, *„citare, pignora*

---

[1] Graff, Sprachschatz III 82.

[2] Grimm, R.A. 766; außerdem vgl. Schade, Altdtsch. W.B. S. 66. Kluge, Etym. W.B. S. 41.

[3] Müller-Zarncke, W.B. I 181.

[4] Im Plural putili, putila, butila, budila. Vgl. Graff, Sprachschatz III 82. Schade, Altdtsch. W.B. S. 93. Brunner, R.G. II 188. Müller-Zarncke, W.B. S. 184. Ebenso im angelsächsischen bydel in der doppelten Bedeutung von Verkünder, Herold und Büttel, *exactor*. Vgl. Schmid, Angelsachsen S. 542. Kluge, Etym. W.B. S. 41.

[5] Schade, Altdtsch. W.B. S. 93. Müller-Zarncke, W.B. S. 184. Kluge, Etym. W.B. S. 62. Ziemann, W.B. S. 50.

[6] Schiller-Lübben, W.B. I 368. Adelung, W.B. I Col. 1281.

[7] Grimm, W.B. Bd. II Col. 581. Vgl. noch die fremdsprachlichen Wortbildungen: das engl. beadle, schwed. bödel, isländ. bodul, dän. boddel, italien. bidello, span. prov. bedel, franz. bédeau und dazu Schade, Altdtsch. W.B. S. 93. Kluge, Etym. W.B. S. 62. Adelung, W.B. Bd. I Col. 1281.

[8] Vgl. v. Amira, Recht S. 192. Haltaus, Glossar 205: *buttel rectius bietel erat scribendum i. e. „Bieter“. Ita tum originis ratio postulat, tum facillima literarum eiusdem organi permutatio.* Vgl. noch Meckbach, Anmerkungen S. 832. Daß Büttel von Anfang an einen kleineren oder geringeren „Frohn-boten“ bedeutet habe, hat Hauschild in seiner G.V. § 27 Anm. 8 S. 82 zwar behauptet, aber durchaus nicht bewiesen.

capere, uno verbo, Gebot und Verbot“ [1] zu thun hat, wird der Gang unserer Untersuchung weiterhin verdeutlichen.

Die Erklärung des Wortes „vronebode“ macht mehr Schwierigkeiten, wovon freilich auf den zweiten Bestandteil des Wortes nur der geringste Anteil entfält. Bode und ebenso die gleichlautenden nur mit der Tenuis geschriebenen Ausdrücke des Mittelhochdeutschen [2] und unserer heutigen Sprache, hängen wie das oben schon behandelte bütel boddel eng mit biuten, bieten zusammen. [3] Der Unterschied zwischen dem mitteldeutschen und jetzt geläufigen Substantivum Bote besteht lediglich darin, daß letzteres im Laufe der Zeit vielleicht etwas der Verflachung anheimfiel. Das Moment einer gewissen Bevollmächtigung, welches sich früher mit seinem Sinne verknüpfte, ist weggefallen. Während „Bote“ für unser Sprachgefühl nur ein einfaches Gesendetsein zum Ausdrucke bringt, war einst durch das Wort selbst der Zweck der Mission gekennzeichnet. Zu Mißdeutungen ist demnach bis hierhin kein Anlaß.

Nicht unbestritten sind dagegen die Erklärungen der ersten Silbe, die aus einem dunkelen uralten „frono“ entstanden scheint. Schon über die für uns weniger wichtige Kennzeichnung dieses Wortes als Adjektiv, Adverbium oder Genitiv Pluralis eines Substantivums [4] mag man sich nicht einigen. Sicher bleibt, daß es in der Ursprache in den weitaus meisten Fällen allen Casus und Geschlechtern der Substantiva unverändert [5] beigefügt wird. Im jeweiligen Zusammenhang ließe es sich bald mit *dominicus, publicus,* bald mit *sacratus,* als herrschaftlich, heilig, öffentlich, [6] wiedergeben. Daneben fand sich im Althochdeutschen das aus demselben Stamme gebildete frônjan [7] = *publicare, proscribere.* Im Mittelhochdeutschen treten dann sowohl adjektivisch vrone, wie verbal vronen auf. Auch an Zusammensetzungen der Wurzel vron oder fron [8] mit anderen Stämmen fehlt es nicht. Wir nennen

---

[1] Haltaus, Glossar Col. 205.

[2] Müller-Zarncke, I 183.

[3] Grimm, W.B. II 581.

[4] Kluge, Etym. W.B. S. 120. Grimm, W.B. 4 I. Abt. 1. Hälfte S. 230 ff. Schmeller, W.B. I S. 614. Über das männliche fro und das weibliche noch erhaltene frau vgl. Grimm, R.A. 230.

[5] Graff, Sprachschatz 806, Index 61. Schmeller, W.B. I 614.

[6] Außer den schon Citierten Wiarda, Asegabuch 29. Gärtner, Ssp. lect. variant. i. S. 260.

[7] Graff, Sprachschatz III 811.

[8] Über den gelegentlichen Austausch von *v* und *f* vgl. Graff, Sprachschatz III 372. Vorrede zu Teil III und I S. XV. Haltaus sucht für vronen 4 Grundbedeutungen festzuhalten: 1) *separare,* 2) *publicare,* 3) *iudiciaria auctoritate addicere et tradere,* 4) *sanctum venerabilem reddere,* vgl. Glossar 531 ff.

nur vronhof, vronwalt, vronkriuze, vronalter, vronreht[1] u. s. w. Einige von ihnen wie „Fronleichnam“[2] sind bis in unsere Tage geläufig geblieben, ohne freilich dem gewöhnlichen Volke noch in ihrer etymologischen Bedeutung verständlich zu sein.

Die uns besonders interessierenden Verbindungen mit „bote“ lassen sich in früher Zeit nachweisen. Schon der erste deutsche Reimschmied OTTFRIED hat in seiner Evangelienharmonie eine solche aufgenommen.[3] Bekannter ist WALTHERS:[4]

„hêr keiser, ich bin frônebote
Und bringiu boteschaft von gote.“

Der Sänger von der Vogelweide erscheint als Gottgesandter vor dem Kaiser, um ihn zum Kreuzzuge gegen die im Lande des Herrn „lästerlich pochende“ Heidenschaft aufzurufen. Während aber hier „fron“ ohne Zweifel zur Bezeichnung des himmlichen Herrschers dient, haben andere gleichzeitige Quellen das nämliche Wort in einem Zusammenhang, der unabweisbar auf Beziehungen der so benannten Persönlichkeit zu dem irdischen Machthalter[5] schließen läßt.

Welche Bedeutung für die Verleihung der gleichen Titulatur an ein Mitglied der Gerichtshöfe ausschlaggebend war, ob hierbei ein Hinweis auf den himmlischen oder irdischen über ihm stehenden Herrn gegeben werden sollte, ist nicht zweifelsohne festzustellen. Beide Ansichten haben energische, sich befehdende Vertreter[6] gefunden. Die

[1] KLUGE, Etym. W.B. S. 120.

[2] KONRAD DUDEN, Vollständiges orthographisches Wörterbuch der deutschen Sprache, 4. Aufl., 5. Abdruck, Leipzig (Bibliogr. Institut) 1896, S. 108.

[3] ADELUNG, W.B. II 317. HAUSCHILD, Abhandlungen S. 6ff.

[4] Gedichte Walthers von der Vogelweide, herausgegeben von LACHMANN, 3. Ausg., Berlin 1853; 12, 6.

[5] KLUGE, Etym. W.B. S. 120. Daher nennt z. B. SIEGEL (R.G. § 70 „Die Fronbotschaften“ S. 160ff.) die *missi regis* Fronboten, eine Namengebung, die dem eingebürgerten „Königsboten“ gegenüber wenig glücklich erscheint und leicht Verwirrung stiftet.

[6] Schon die Glosse zum Ssp. wußte sich das Wort nicht recht mehr zu erklären, wie die verschiedenen von ihr gegebenen Deutungsversuche beweisen. Vgl. Gl. zu Art. 56 Buch III: ein fronbot heist als vil als ein heilig bote, oder ein knecht gotes, und heisst darumb ein fronbot das er sey ein knecht und diener des reich gotes und er mag die leiit peinigen und töden on sünd. OTHMER, Ssp. Fol. 166. GÄRTNER, Ssp. 446. ZOBEL, 398 Col. 1, Anderseits Gl. zu I Art. 53: heisst heilig durch zweyerley sachen willen. Zum ersten durch das daz er zu seinem ampte auff die heyligen schwert, zum andern mal durch das daz er gotes richter ist. OTHMER, Ssp. Fol. 42. GÄRTNER, 115. ZOBEL, 131 Col. 1. Vgl. MECKBACH, Anmerkungen 810 f. MAURER, G.V. 140. Gl. Wb. 222. Gegen die Beziehung des „vron“ auf „heilig“ HAUSCHILD, Abhand-

zu schildernden Eigenschaften, Pflichten und Rechte lassen den „Fronboten“ zunächst als Bevollmächtigten des Gerichtsherrn, dem er Hulde leistet, erscheinen. Ihn als einen heiligen Gesandten, einen im besonderen Frieden stehenden Boten des Allerhöchsten zu bezeichnen, dünkt uns demgegenüber eine etwas ferner liegende Deutung zu sein.

Die Vieldeutigkeit des Begriffes trägt die Schuld, daß eine in jeder Hinsicht ausreichende Vertretung der ursprünglichen Bezeichnung sich nicht finden läßt. Wir werden daher, wenn wir auch hier und da einmal zur Umschreibung greifen müssen, uns in der Hauptsache bestreben, im Text den originären Ausdruck möglichst beizubehalten.

Neben den genannten Substantiven „vronebode“ und bütel (bodel)“, kommen für die lateinisch geschriebenen Rechtsaufzeichnungen die Worte *praeco* (*preco*) und *bedellus* in Betracht. Etymologisch bieten diese jedoch keine neue Schwierigkeiten. *Bedellus*[1] ist einfach ein barbarisiertes und für das fremde Idiom zurechtgestutztes „bietel“. *Praeco* hängt unverkennbar mit dem Verbum *praeconare = proclamare, cantare, recitare, pronunciare*.[2] zusammen und entspricht also unserem schlichten Worte „Bote“, Verkünder.

Haben wir bisher die Grundbedeutungen der dem Vollzugsorgane beigelegten Titel, speziell der Ausdrücke „vronebode und bodel“ festzustellen gesucht, hat sich gezeigt, daß beide auf den Stamm „bieten“ zurückgehen, letzterer kurzweg der „Gebietende“ heißt, ersterer dem noch einen umgrenzenden, in sich vieldeutigen Zusatz beigefügt hat, der den Bieter, Boten als einen öffentlichen, zugleich als geheiligte Person erscheinen läßt, so erübrigt jetzt noch des thatsächlichen Vorkommens dieser Wortformen innerhalb des sächsischen Quellenkreises flüchtig zu gedenken.

Der Sachsenspiegel, als die maßgebendste Quelle, hält mit Konsequenz an dem Worte vrone bode fest.[3] „bodel“ findet sich

---

lungen 6 ff., 8 ff. G.V. 81, 82. Vgl. noch Heineccius, Elementa III 402. Sachsse, Grundlagen 295. Ziemann, Wb. 591. Wiarda, Asegabuch 29.

[1] Du Change, I 635. Die dort ebenfalls verzeichnete Ableitung des Wortes *a pedo, hoc est a baculo .. propterea quod huiusmodi servientes virga aut baculo utebantur* hat mit Recht keinen Anklang gefunden. Vgl. noch Haltaus, Glossar 205: *ex bietel formavit barbara lingua pedellus .. bedellus...*

[2] Du Change, V S. 395. Dort auch schon die Identität der *praecones* und Fronboten erkannt: *praecones isti, quos Saxones „fronbotten“ i. e. missi dominici vocant, sunt minores scabini* (!).

[3] Dies gilt zunächst von dem Texte, wie ihn Homeyers Ausgabe bietet. Dort sind auch in Anmerkungen die Varianten notiert, vgl. besonders solche zu I 8 § 2, 53 § 3, 61 § 1, 70 § 3, II 16 § 4, 41 § 1, III 61 § 3.

allein in III 61 § 3.[1] Von den unter seinem Einfluß stehenden süddeutschen Rechtsbüchern hat der Deutschenspiegel ebenfalls meist die Bezeichnung „vronpote“ oder kurzweg „pote“.[2] Der Schwabenspiegel[3] dagegen bedient sich mannigfacherer Ausdrücke: „rihter, gebuttele, stockwerter“[4] etc.

Betreffs der stadtrechtlichen Nachrichten, müssen wir uns begnügen, auf die späterhin abgedruckten Stellen zu verweisen. Eine auch nur beispielsweise Anführung der variierenden und doch auf dieselbe Grundform zurückgehenden Wortgebilde würde zu weit führen und nicht einmal die gewünschte Übersicht zu geben vermögen. Dasselbe gilt von den bäuerlichen und hofrechtlichen Weistümern, welche in gleicher Weise die alten Grundtypen in stets veränderter Ornamentierung vorführen.

---

[1] Ausdrücklich sei bemerkt, daß es sich hierbei nicht um einen der späteren Zusätze des Ssp. handelt, sondern daß diese Stelle sich schon in den älteren Handschriften findet; über die Varianten vgl. Homeyer, Ssp. 357 Art. 61 Anm. 9.

[2] An zwei Stellen (313 u. 396) hat Dsp. den Ausdruck geputel, einmal scherge.

[3] Vgl. besonders Schwsp. Art. 126 S. 62. Über die mitunter verwertete fränkische Bezeichnung „gebiutel“ (1, 93, 126, 156) vgl. Schröder, R.G. § 54 Anm. 44 S. 643.

[4] Für andere in Süddeutschland, Friesland etc. vorkommende Benennungen vgl. Grimm, R.A. 767. Brunner, R.G. II 188. Wiarda, Asegabuch S. 29. v. Amira, Recht S. 192. Haltaus, Glossar 494, 502, 534, 504.

Erster Teil.

Der Fronbote des sächsischen Landrechts nach dem Sachsenspiegel und den verwandten Rechtsquellen (Ostfalen).

Das deutsche Rechtsleben des Mittelalters hat im Gebiete der alten *terra Saxonica* seine für uns klarste und durchsichtigste Ausprägung gefunden. Freilich müssen wir uns hüten, in den vor Erscheinen von SOHMS Prolegomena[1] weitverbreiteten Irrtum zurückzufallen und etwa zu meinen, ganz Deutschland habe in früher Zeit ein großes Rechtsgebiet und zwar des sächsischen Rechts gebildet. Aber anderseits soll auch nicht vergessen werden, daß der die Tiefebene zwischen Rhein und Elbe beherrschende Volksstamm[2] durch sein treues zähes Festhalten am altheimischen Rechte die Bildung und Entwickelung von Instituten ermöglichte, welche sonst nirgendswo auf germanischem Boden in dieser blühendreichen Entfaltung sich verwirklichen konnten. So wird sich im Laufe unserer Untersuchung zeigen, daß gerade die Gerichtsperson, welche wir zu schildern bestrebt sind, in den auf sächsischer Erde erwachsenen Quellen im Vergleich mit anderen die weitaus markanteste und abgeschlossendste Stellung einnimmt. Nicht nur in dem Sinne, daß ihr dorten vielleicht die umfassendste Thätigkeit obliege, daß ihr die besten Einnahmen, die hervorragendste soziale Stellung eingeräumt würde: der sächsische Voltstreckungsbeamte des Mittelalters unterscheidet sich von verwandten Erscheinungen im übrigen Deutschland vor allem dadurch, daß er nirgends uns als untergeordneter Privatdiener, sondern stets als bedeutsames notwendiges Glied im Gefüge der gesamten Gerichtsorganisation entgegentritt. Um deswillen schon scheint eine Bevorzugung des genannten Gebietes einer Verteidigung kaum zu bedürfen.

---

[1] RUDOLF SOHM, Fränkisches Recht und römisches Recht. Prolegomena zur deutschen Rechtsgeschichte, in Zeitschrift der Savignystiftung für R.G. I 1 ff.

[2] Vgl. STOBBE, I 290. BRUNNER, R.G. I 21.

Zu diesem mehr inneren Grunde kommt dann noch ein äußerer, nämlich der Umstand, daß der Verfasser des denk- und merkwürdigsten Buches unter all den Überlieferungen jener Zeit, auf dem zum nicht geringsten Teil unsere Kenntnis der damaligen Rechtszustände ruht, in Sachsen lebte[1] und „deutsches Recht“ so darstellte, wie es ihm von den Stätten seiner Thätigkeit durch Erfahrung bekannt war. Vielleicht ist es daher nicht unangebracht, bei der kommenden Schilderung eines Gebildes des sächsischen Landrechtes EIKES spezielle Heimat Ostfalen in den Mittelpunkt der Betrachtung zu rücken, um den sich die übrigen Erscheinungen je nach ihrer verschiedenen Gestaltung gruppieren mögen. Des Spieglers treffliches Werk soll uns dabei zum Leitfaden dienen. Die Zahl der ihm folgenden Bearbeitungen,[3] die übrigen durch ihn befruchteten Rechtsbücher können zur Ergänzung und Erweiterung des gewonnenen Resultates nützlich sein. Wo sich bei näherem Zusehen zeigt, daß EIKES genialer Subjektivismus, seine doktrinären Anschauungen ihn zu Umdeutungen[2] thatsächlicher Verhältnisse verleitet haben, da werden wir versuchen mit Hilfe weiterer urkundlicher Nachrichten diesen Unklarheiten zu begegnen.

§ 3.

I. Die Bestellung des Fronboten.

Die Passiv-Wahlberechtigten.

Welchem Stande gehörte der Fronbote an, welcher Klasse, welcher Art von Menschen ward er entnommen? Noch waren ja um die Wende des zwölften Jahrhunderts die alten Rangordnungen nach der Geburt nicht verschwunden, noch lebte man in der Zeit der Heerschildordordnungen und eines ausgesprochenen Ständewesens überhaupt. Der Sachsenspiegel scheint gerade über diesen Punkt genügenden Aufschluß geben zu können. Freilich dürfen seine Angaben nur mit prüfender

---

[1] Vgl. STOBBE, I § 30 S. 290ff. SCHRÖDER, R.G. § 54 S. 635ff. v. ZALLINGER, Schöffenbarfreie S. 202ff.

[2] Über diese vor allem STOBBE, I §§ 33—47 S. 327ff. SPANGENBERG, Beiträge zu Rn. des Mittelalters Cap. 2, 4, 6, 13ff. SCHRÖDER, R.G. § 54 S. 634ff. v. SCHULTE, R.G. § 64, § 65 S. 167ff.

[3] Trotz der scharfen Kritik, welche v. ZALLINGER in seinen „Schöffenbarfreien“ (besond. S. 220ff.) an der Darstellung des Sachsenspiegels übt, konnte ich mich nicht zur Annahme direkter und absichtlicher Fälschungen von Seiten EIKES bekehren. Vgl. auch SCHRÖDER, Sachsenspiegel S. 61ff., R.G. § 54 S. 638ff. v. SCHULTE, R.G. S. 275 Anm. 3.

Vorsicht aufgenommen werden, da der blinde Glaube an die Richtigkeit aller positiven Angaben des Spieglers durch v. ZALLINGERS Untersuchungen mit Recht erschüttert ist.

Gleich im Anfange des ersten Buches, wo von den Abstufungen der geistlichen und weltlichen Gerichte die Rede ist, wird auch des Vollstreckungsbeamten Erwähnung gethan. „Under den (plechhaften) mut man wol kesen enen vronen boden;" (Ssp. I 2 § 3). Aus den Mitgliedern der Landbevölkerung soll man den Büttel wählen.

In Ssp. III 45 § 4, 5[1] werden bei fast wörtlicher Wiederholung des oben angeführten Satzes neben den „Pfleghaften" noch die „Biergelden" genannt. Etwas Neues wird aber damit in die Stelle nicht hineingetragen. Es wird nur ganz wie bei anderen Bestimmungen der Rechtsbücher neben dem moderneren Namen einer bestimmten Personenklasse zugleich ihre veraltetete aber noch überkommene Bezeichnung erwähnt.[2]

In fränkischer[3] Zeit hatte man zum Unterschied von den Hochfreien den „Leuten" (leudes) die unabhängig gebliebenen Grundeigentümer bäuerlichen Standes schlechthin „liberi" oder mit Rücksicht auf die ihre Grundstücke belastenden Abgaben „bargildi" geheißen. Die Bedeutung der Bezeichnung[4] ist nicht recht aufgeklärt; dagegen ist ihre Identität mit den im Mittelalter bezeugten westfälischen

---

[1] Ssp. III 45 § 5: Under den (biergelden und plechhaften) mut man wol kiesen enen vronen boden, of man's bedarf, die min den dri huve egenes hebbe.

[2] Den Ausdruck Biergelde hat der Ssp. weiterhin in III 64 § 8, 73 § 1, 80 § 1.

[3] Frühestes Vorkommen des Namen Bargildi in Capitul. incerti anni (789—814 Karl d. Großen) c. 4. *De hominibus qui per ingenia vel iniuste consentiente comiti et centenario se ingenuare voluerint et facere se bargildiones, qui multo tempore fuerunt servi* (Cap. I Boretius S. 185). Vgl. Capitul. de expeditione Corsicana anno 825 c. 3. *Ceteri vero liberi homines, quos vocant bharigildi* (Cap. I Boretius S. 325). Außerdem für Westfranken ed. Pistense anno 864 c. 32 (M.G. Pertz leg. I S. 496) „*barigildi*". Über das friesische berielda vgl. v. RICHTHOFEN, W.B. 626.

[4] GRIMM, R.A. 314 denkt an eine den Trägern des Namens auferlegte Bierabgabe, während er doch selbst anderseits in R.A. S. 204 die Charakterisierung des Biergelden durch einen beigegebenen Kübel (vgl. KOPP, Bilder und Schriften 1, 123) für einen Witz erklärt. Ebenso werden ja auch die Schöffenbaren durch ein hinzugemaltes Schiff (schef, schep) gekennzeichnet. Vgl. auch KOPP a. a. O. S. 125, 126. BATT u. BABO, Denkmäler Tafel XXVIII 3 S. 53. UNGER, G.V. S. 291 übersetzt bargilde mit „freier Genosse". MAURER, G.V. wirft *barrigildi* mit *sajones* zusammen. Vgl. noch WAITZ, V.G. IV 331 f., V 287 f. Nach SCHRÖDER, R.G. § 29 S. 214 Anm. 13 scheint in dem Worte die Pflicht des Königszinses angedeutet. Nach LINDNER, Veme S. 170 Anm. 1 heißt bargilde Gerichtsgenosse (bar = Gerichtsschranke).

„bergildi“[1] und den Biergelden des Sachsenspiegels nicht zweifelhaft.[2] In späterer Zeit wurden dann die freien aber grafenschatspflichtigen Bauern, namentlich in Norddeutschland[3] unter dem charakteristischen Namen „Pfleghafte“ zusammengefaßt. Man könnte den Ausdruck wörtlich mit die „Zinszahlenden“ wiedergeben, zumal speziell der Spiegler „tins“ und „plege“[4] synonym gebraucht. Freilich wußte schon die Glosse[5] mit beiden Begriffen und ihrem wechselseitigen Verhältnis sich nicht mehr recht abzufinden. Sie hat daher mit ihren Erklärungen nur arge Verwirrung geschaffen. Lange Zeit hindurch suchte man dann Biergelden und Pfleghafte in zwei gesonderte Stände zu scheiden,[6] bis die neuere Forschung erkannte, daß beide Namen auf eine einzige Volksklasse, den Bauernstand, sich beziehen.[7] Es sind die im Vollgenusse ihrer Freiheit gebliebenen Grundbesitzer, die sich von den „nobiles“ nur durch ihre unritterliche[8] Lebensweise und die demnach zu zahlende Heersteuer unterschieden. Nach dem Sachsenspiegel nehmen sie etwa eine Mittelstellung zwischen Landsassen,[9] welche weniger als eine halbe Hufe, oder gar kein Eigen besitzen[10] und als Pächter, Häusler oder freie Arbeiter ihr Dasein fristen, und den ihnen vielfach übergeordneten „Schöffenbarfreien“ (Rittern und vollfreien Bauern) ein.

---

[1] Vgl. z. B. Lindner, Veme S. 169. Stüve, Gogerichte S. 121 ff. Schröder, G.V. S. 41 ff., 51. Waitz, V.G. V 287, 288.

[2] Vgl. Zöpfl, Altertümer II 159 ff. Schröder, R.G. 214 Anm. 13. Homeyer, Ssp. Reg. S. 403. Stobbe, Stände S. 358. v. Amira, Recht S. 120.

[3] Ssp. I §§ 1, 3, III 45 §§ 4, 5. Schröder, R.G. § 42 S. 437. Vgl. den Ausdsuck „plechaffte“ in der Glosse zum Hamburger Stadtrecht vom Jahr 1499 in Lappenberg (Hamburg. R.A.) I S. 246 Anm. h Vorrede. Vgl. v. Amira, Recht S. 120.

[4] Ssp. II 58 § 2, auch III 76 §§ 3—5, 77 §§ 1, 2. Haltaus, Glossar „pflege“ Col. 1482. Stobbe, Stände S. 346, 348 Anm. 96. Homeyer, Heimat S. 3. „Pfleghaftigen sein die die in dem land eigen haben, do sy sein pflichtig etwas abzulegen adir zu tun. Glosse Ssp. I, 2. Othmer, Fol. 6.

[5] Vgl. die von Homeyer unter Ssp. I 2 § 4, III 45 § 4 mitgeteilten Glossen, sowie die einschlägigen Stellen bei Othmer, Zobel, Gärtner. Weiterhin Unger, G.V. S. 294. Stobbe, Stände S. 346, 347. Zöpfl, R.A. II 164. Schröder, RG. § 42 S. 437 Anm. 72.

[6] Z. B. Eichhorn, R.G. II § 343 S. 573; auch Stobbe, Stände S. 356 hält es für unmöglich, das Verhältnis, in dem Biergelden und Pfleghafte zueinander stehen, näher aufzuklären. Vgl. v. Schulte, R.G. § 88 S. 277.

[7] Vgl. Schröder, R.G. § 42 S. 437 ff. Sachsse, Grundlagen S. 537, 538. Göschen, Ssp. Landrecht XIV. Zöpfl, R.A. III 63.

[8] Vgl. Stobbe, Stände S. 351. Dort auch über die „Stellung der Pfleghaften in der Heerschildordnung“.

[9] Ssp. I 2 § 4, III 45 § 6.

[10] Vgl. Lamprecht, Wirtschaftsgeschichte I 1157 ff.

Letztere haben sich indes bei näherer Prüfung zu leerem Schemen verflüchtigt.[1]

Mit der einfachen Angabe des Standes, aus welchem die zum Fronbotenamt Passiv-Wahlberechtigten hervorgehen sollen, hat sich EIKE v. REPGAU nicht begnügt. Er hat seiner Bestimmung vielmehr noch zwei Einschränkungen beigegeben. Einmal sagt er in dem oben schon angeführten § 5 Art. 45 Buch III, der Vollstreckungsbeamte müsse aus den Pfleghaften und Biergelden gewählt werden, „die min[2] den dri huve egenes hebbe“. Dem gegenüber behauptet er an einer anderen Stelle (III 61 § 3) „die bodel[3] sal to minsten hebben ene halve hove egenes.“

Fassen wir die letztere Ausführung zunächst ins Auge, so zeigt sich, daß in ihr ein neuer Gedanke nicht gegeben ist. Ja es ist damit nicht einmal, wie man meinen könnte, aus der größeren Gruppe sämtlicher Bauern ein bestimmter Kreis losgelöst, etwa in dem Sinne, daß der Spiegler hier ein Minimum von Liegenschaften zum Bedingnis der Wählbarkeit machte. In Ssp. I 34 § 1[4] ist nämlich jedwedem Grundbesitzer, demnach auch den Pfleghaften, ausdrücklich verboten, ihr Eigen weiter als bis auf eine halbe Hufe[5] zu mindern, es sei denn, daß sie zuvor des Richters Erlaubnis dazu eingeholt hätten. Daraus läßt sich wohl unbedenklich schließen, das genannte Maß habe überhaupt ein Minimum des freien ländlichen Besitzes dargestellt, und „Bauern“ mit weniger Eigen hätten sich gar nicht vorgefunden.[6] Ssp. III 61 § 3 erscheint somit nur als breitere Ausführung und Umschreibung des anderwärts gebrauchten knapperen Ausdruckes (vgl. Ssp. I 22 § 3, III 45 § 5).

---

[1] v. ZALLINGER, Schöffenbarfreie S. 220 ff.

[2] So der Text bei HOMEYER, Ssp. I 340.

[3] Daß an dieser Stelle nicht etwa eine weitere vom Fronboten verschiedene Gerichtsperson gemeint ist, wie der Wolfenbüttler Cod. pict. es vermuten ließe (HOMEYER, Ssp. 357 oben) und z. B. MECKBACH, Anmerkungen S. 832 auch thatsächlich behauptet, werden wir weiter unten noch näher ausführen. vgl. S. 32, 33 Anm. 7. Vgl. auch die Abbildung bei BATT u. BABO, Denkmäler Tafel XXIV 1; dort ist die „halbe Hufe“ durch Gras angedeutet, auf dem der Fronbote steht.

[4] Ssp. I 34 § 1: Ane des richteres orlof mut en man sin egen wol vergeven in ervengelof, deste he's behalde ene halve hüve unde ene word, dar man enen wagen uppe wenden moge; dar af sal he deme richtere sines rechtes plegen. Zur Erklärung verweist die Glosse auf Ssp. II 5 § 2. OTHMER, Ssp. Fol. 31. GÄRTNER, Ssp. 85.

[5] Über Hufe vgl. LAMPRECHT, Wirtschaftsgeschichte I Reg. 1582. Auch SCHRÖDER, R.G. S. 201, 418.

[6] Vgl. HOMEYER, Heimat S. 4 Anm. 5. STOBBE, Stände S. 352 ff. SCHRÖDER, R.G. § 42 S. 439 Anm. 79.

Nicht ganz so klar und einfach ist die andere Bestimmung, in welcher von den drei Hufen die Rede ist. Schon die Lesart der Texte ist hier keine einheitliche. Zwei derselben, die Handschrift Berlin No. 37 und der Druck von Cölln anno 1480,[1] haben vor dem „min" ein „nicht" eingeschoben.[2] Darnach müßte der Fronbote zum wenigsten einen Besitzstand von drei Hufen zu eigen haben, ein Ergebnis, welches trotz seines sichtlichen Widerspruches zu Ssp. III 61 § 3 vielfach gebilligt wurde.[3]

Unseres Erachtens ist die erstgenannte Lesart mit dem Gegensinne, der Büttel solle oder dürfe einen kleineren Besitzstand als den von drei Mansi haben, die einzig gerechtfertigte. Sie kehrt nicht nur in den weitaus meisten Handschriften des Sachsenspiegels[4] selbst wieder, sondern ist auch von Rechtsbüchern aus dem Anfange und der Mitte des vierzehnten Jahrhunderts übernommen, z. B. vom Görlitzer Landrecht Kap. 36 § 5 und den Distinktionen B. IV c. 32, Dist. 7. Freilich

[1] Von Homeyer, Ssp. als C d, k bezeichnet s. S. 340 n. 20 und S. 118.

[2] Ebenso Dsp. 283 S. 135; wie dorten Art. 283 u. 313 zusammenstimmen, müssen Sonderuntersuchungen süddeutscher Verhältnisse ergeben.

[3] Z. B. von Zobel, Zöpfl, Meckbach. Am konsequentesten geht dabei Meckbach, Anmerkungen 766, 832 zu Werke. Da er die Unvereinbarkeit von Ssp. III 61 § 3 und seiner Lesart zu III 45 § 5 fühlt, hilft er sich damit, daß er zwei verschiedene Gerichtsbeamte, einen Fronboten und einen Büttel, konstruiert; damit hat er aber wenigstens für das 12. und 13. Jahrhundert eine unbewiesene Behauptung aufgestellt. Siehe weiter Zobel, Ssp. Fol. 381 u. 398 (Glosse zu III 56). In letzterer Stelle meint dieser sogar, der Fronbote sei keine „fürnemliche" Person, da er „nicht mehr oder weniger als drei huffen eigens haben soll". Ferner Zöpfl, Altertümer II, 163. Zöpfl, R.G. II S. 100 Anm. 7 und im Text: „Die Ernennung zum Fronboten war auch bei ihnen (Pfleghaften), wie bei den Schöffenbarfreien, durch den Besitz von mindestens drei Hufen Eigen bedingt." Dieser letztere Satz ist meines Erachtens auch wegen der zugezogenen Schöffenbarfreien fehlerhaft. Daß aus den „Schöffenbarfreien" der Fronbote gewählt wurde, ist im Ssp. nirgends gesagt. Oder denkt Zöpfl, da er die Schöffenbarfreien nennt, gar an Ssp. III 81 § 1 und ist ihm hier nur eine unrichtige Satzbildung untergelaufen!

[4] Homeyer, S. 340. Lübben, Oldenburg Ssp. S. 78. Ssp. Othmer, Fol. 157. Ssp. Gärtner, S. 422, 423. In dem Heidelb. Cod. pict. sind die 3 Hufen Eigentum des Fronboten durch dreifach abgeteilte Ähren bezeichnet, was für keine Lesart eine Entscheidung giebt, vgl. Batt u. Babo, Denkmäler Taf. XXII 2 S. 43. Über Ähre *(culmus)* für Eigengut s. Grimm, R.A. S. 205. Görl. L.R. c. 36 § 5 S. 195: Swelich birgelde von sime ambachte niht ne hat dri hube, der ne mac sich des butilis nicht irwerin. Distinctionen IV c. 32 d. 7 S. 243: fronebote . . . der do mynner habe den dry huffe. Ebenso im engsten Anschluß an Ssp. d. Berliner St.R. Teil III (von 1397) § 28, 5 S. 153: Under den plach man tu kysen eynen vroneboden, ofte mans bedorfte, die myn wen dri hove eygens hadde.

ist damit noch nicht jegliche Schwierigkeit gehoben; es fragt sich vielmehr, ob Ssp. III 45 § 5 etwa die Ergänzung zu Ssp. III 61 § 3 bilde, ob hier vielleicht die Maximalgrenze des Eigens der Pfleghaften erwähnt sei, oder ob ihr eine andere Meinung zu Grunde liege?

Solange man von der Existenz eines in sich abgeschlossenen Standes der Schöffenbarfreien überzeugt sein konnte, war eine verhältnismäßig naheliegende Lösung gegeben. Man glaubte im Anschluß an Ssp. III 81 § 1 und 80 § 1 in den drei Hufen die Durchschnittsgrenze[1] zwischen dem Besitzstand der Schöffenbarfreien und Pfleghaften erblicken zu dürfen. Freilich schienen Stobbe[2] auch schon damals die betreffenden Andeutungen des Sachsenspiegels mehr der Nachklang karolingischer[3] Einrichtungen, als der Ausdruck der lebendigen Verhältnisse zu sein. Trotzdem ließ sich selbst bei diesen Anschauungen ruhig behaupten, Eike habe bei seinen „konservativen Neigungen" einen früher ausschlaggebenden Faktor — den Besitzstand von drei mansi — für seine Zeit in übertragener Weise verwertet und wolle mit seinen Worten nichts anderes betonen, als die Thatsache, daß nur der nicht schöffenbare Teil der Bauern zur Fronbotenwahl sich stellen müßte. Nachdem aber die neuesten Forschungen[4] ergaben, daß auch der vollfreie, aber nicht rittermäßig lebende Grundbesitzer gerade in Ostfalen, der Heimat des Sachsenspiegels, um die Wende des zwölften Jahrhunderts unzweifelhaft nicht mehr „Fürstgenosse", nicht mehr ebenbürtiger Urteilfinder im Verein mit gleichgeachteten Nobiles war, ist die oben angeführte Erklärung, Ssp. III 45 § 5 stehe in Beziehung zu dem Durchschnittsbesitzstand der Pfleghaften unmöglich mehr aufrecht zu erhalten. Nicht die größere oder geringere Anzahl von Grundstücken, sondern der Gegensatz des kriegerischen und bäuerlichen Berufes war es, welcher die Biergelden als geschlossenen Stand erscheinen ließ und ihn von den übrigen Volksklassen trennte. Wieviel Morgen Ackerland der einzelne besaß, war im Mittelalter gleichgiltig geworden; nicht durch einen hervorragenden Landbesitz, sondern nur durch eine entsprechende Lebensweise konnte er es dahin bringen, einer sozial und rechtlich bevorzugteren Kaste anzugehören. Eine

[1] Vgl. Stobbe, Stände S. 334, 353. Homeyer, Heimat S. 4 Anm. 5.

[2] Stobbe a. a. O. S. 354.

[3] Capit. Carol. Mag. a. 807 c. 2 (M. G. Pertz leg. I p. 149): *Qui tres (sc. mansos) habere videtur, similiter agat (sc. in hostem veniat) . . . Illi vero, qui dimidium mansum habent, quinque sextum praeparare faciant. Et qui sic pauper inventus fuerit, qui nec mancipia nec propriam possessionem terrarum habeat, tamen . . .* Hier eine halbe Hufe als Minimum des Grundbesitzes genannt!

[4] v. Zallinger, Schöffenbarfreie besonders S. 256—259.

Deutung von Ssp. III 45 § 5 muß daher auf anderem Wege versucht werden.

Eine Hufe umfaßte in damaliger Zeit[1] gewöhnlich eine Anzahl von etwa dreißig Tagwerken. Ein Eigengut von zwei und mehr derselben konnte also schon für einen recht ansehnlichen Grundbesitz gelten, welcher bei genügender Bewirtschaftung die Aufmerksamkeit des betreffenden Bauern voll in Anspruch nahm. Da nun, wie wir sehen werden, in der Entstehungszeit unseres Rechtsbuches das Fronbotenamt weit mehr Pflichten als Rechte einschloß, mag der Andrang zur Wahl als Büttel kein zu bedeutender gewesen sein. Namentlich die größeren Grundbesitzer mochten fürchten, ihre Wirtschaft über dem „Ehrenamt" vernachlässigen zu müssen. Der bäuerliche Mittelstand[2] dagegen konnte bei einer etwaigen Wahl zum Fronboten nur gewinnen. Auch neben Erfüllung seiner Amtspflichten, blieb es ihm möglich, sein Gut von einer halben Hufe oder wenig mehr zu bestellen, und die gelegentlichen mit der Würde verknüpften Einkünfte waren bei seinen bescheidenen Verhältnissen ebenfalls nicht zu unterschätzen.

Vielleicht waren es Erwägungen dieser oder ähnlicher Art, welche den Verfasser des Sachsenspiegels veranlaßten, die Bestimmung seinem Werke einzuverleiben, der Gerichtsvollzieher solle aus der Zahl der Pfleghaften entnommen werden, aber man solle vor allem diejenigen bei der Wahl berücksichtigen, welche weniger als drei Hufen zu eigen besäßen. Auf die Zahl „drei" darf wohl am wenigsten Nachdruck gelegt werden. Sie mag in Wirklichkeit nicht ausschlaggebend gewesen sein und erklärt sich am besten aus der ausgeklügelten Spielerei,[3] welche Eike an den verschiedensten Stellen seines Werkes mit den Ziffern 2, 3 und 7 treibt. Hat er in I 1, 2, 3, 18 § 1, III 57 § 1, 2 erweislich sich etwas mit Kabbalistik abgegeben,[4] so ist es wohl möglich, daß diese auch in III 45 § 5 nicht ganz unbeteiligt gewesen sei.[5]

---

[1] Vgl. Zöpfl, Altertümer II 130. [2] Vgl. Stobbe, Stände S. 352 Anm. 108.

[3] Vgl. Schröder, Kunde des Ssp. 61 ff.

[4] Ssp. I 1: Zweizahl in den aus der göttlichen Einheit abgeleiteten höchsten Gewalten (Lehre von den zwei Schwertern). I 2: Dreizahl bei Gerichtstagen, Freiheit, kirchlichen und staatlichen Gerichten (Konstruktion des selbständigen Schultheißengerichts und der Schöffenbarfreien!). I 3: Siebenzahl der Weltalter, Heerschilde, Sippen. I 18 § 1: Dreierlei Recht der Sachsen wider Karls Willen. III 57 § 1: Drei Bannfälle. III 57 § 2: Sieben Fürsten als die ersten an der Kur.

[5] Die Zahl von drei Hufen kommt im Ssp. noch außer III 45 § 5 vor in II 54 § 2, III 80 § 1, III 81 § 1. Wegen der letzteren Stelle, — der zum Schöffen genommene Reichsdienstmann soll drei Hufen bekommen, — verweise ich auf v. Zallinger, Schöffenbarfreie S. 238 ff.; anderseits Schröder, Kunde d. Ssp. S. 63

Überblicken wir kurz das Gesagte, so ergiebt sich, daß von den Bewohnern Ostfalens nur die freien,[1] das heißt, die in keiner Weise privatrechtlich abhängigen Grundeigentümer des Heimatlandes,[2] zum Fronbotenamt gekoren werden können; daß aber weiterhin unter diesen nicht die *„nobiles“*, die „Herren“, sondern die grafenschatzpflichtigen Bauern in Betracht kommen und daß schließlich aus der letztgenannten Klasse wieder der gute, mit mäßigem Besitztume ausgestattete, Mittelstand bevorzugt werden soll.

Mit diesem Resultate stimmen die uns vorliegenden Urkunden aus der Gegend und Zeit des Sachsenspiegels, soweit sie zur Kontrolle der besprochenen Verhältnisse herangezogen werden können, vollkommen überein. Von 20 Berichten über Gerichtsversammlungen aus den Jahren 1156—1275, die des Fronboten überhaupt Erwähnung thun, ist er in 14 Fällen unzweifelhaft als Nichtangehöriger des Ritterstandes und demzufolge als Bauer gekennzeichnet. Während die Grafen, Schultheißen und Schöffen in ihren Namen den Nachweis der Mitgliedschaft zu bekannten edelen Familien liefern, werden die jeweiligen Fronboten ohne Geschlechtsangabe unter einfachen Praenomen, wie Alvericus,[3] Bertramnus,[4] Johannes,[5] Reynhardus[6] u. s. w.[7] in den Zeugenreihen aufgeführt. Nur bei dreien ist dem Vornamen noch eine weitere Bezeichnung beigefügt. Es sind dies Heithenricus

---

Anm. 1. In II 54 § 2 geben 3 Hufen Eigengut das Recht, einen besonderen Schafhirten zu halten. Möglicherweise hat Eike von Repgau auch hier willkürlich die Zahl drei gewählt, und es galt nur die allgemeine Bestimmung, die größten Grundbesitzer sollten eigene Hirten haben, die übrigen sich mit dem gemeinsamen begnügen. Weit eher scheinen mir die Zahlen 3 und 30 betreffs des Anfalls von erblosem Gut (III 80 § 1) wirklich auf rechtlicher Observanz beruht zu haben. Vgl. Kopp, Bilder und Schriften I 127. Batt u. Babo, Denkmäler Taf. 29 n. 5, 6, 7 S. 57.

[1] Freiheit als Bedingnis der Wahl zum Fronbotenamt betont schon Heineccius, Elementa III 401.

[2] Direkt ist dies im Ssp. nicht ausgesprochen. Vgl. aber Ssp. III 61 § 2 und dazu Homeyer, Heimat S. 66, welcher meint, nur bei den höheren Würdenträgern sei nicht gefordert worden, daß sie ihrer Geburt nach dem betreffenden Gerichtsbezirk angehörten.

[3] Anno 1214 Cod. Anh. II n. 11 S. 10.

[4] Anno 1219 U.B. d. Hochst. Halberstadt I n. 512 S. 461, 462.

[5] Anno 1265 Cod. Anh. II n. 309 S. 226.

[6] Anno 1156 Cod. Anh. I 2 n. 425 S. 312.

[7] Außerdem Albertus anno 1280 Cod. Anh. II n. 511 S. 366; — Everhardus anno 1174 Cod. Anh. I 3 n. 457 S. 404; — Herigerus anno 1195 u. 1215 U.B. d. Hochst. Halberstadt I n. 489 S. 436 u. n. 534 S. 479; — Fredericus anno 1238 u. 1239 U.B. d. Hochst. Halberstadt II n. 679 S. 15, n. 681 S. 16, n. 689 S. 21.

de Suaneberc,[1] Heinricus de Warmestorp[2] und der *praeco* de Herrikestorp.[3] Es fragt sich nur, ob damit ihre Zugehörigkeit zu dem Stande der *nobiles* angedeutet wird? Bei dem letzteren dürfte dies mit Sicherheit nicht der Fall sein. Herrikestorp[4] ist lediglich als Orts-, nicht zugleich als Geschlechtsname zu erachten. Es wird in den betreffenden Urkunden, wie dies sonst oft geschieht, eine Persönlichkeit durch Angabe ihrer Herkunft beschrieben.

Für die beiden anderen steht die Sache zweifelhafter. In Heidenrich von Schwaneberg glaubte Schröder[5] um deswillen einen „Schöffenbarfreien“ sehen zu dürfen, da er in den Zeugenreihen vor den Schöffen aufgeführt wird. Ist dieser Grund auch nicht stichhaltig,[6] da die genannte Stellung keine ungewöhnliche ist und ganz ebenso ersichtlich dem Bauernstande angehörigen Fronboten zugewiesen wird, so läßt sich die Annahme, Heidenrich habe dem bekannten Geschlechte[7] seines Namens zugehört, nicht ganz von der Hand zu weisen. Ein strikter Beweis kann freilich weder in der einen noch anderen Richtung geführt werden. Das Gleiche ist für Friedrich von Warmestorp zu sagen, bei dem ebenfalls zum mindesten die Möglichkeit nicht zu verneinen ist, er habe mit den so geheißenen scabini[8] in enger verwandschaftlicher Beziehung gestanden.

Aber selbst angenommen, in dem einen oder anderen Falle habe ein „Edeler“ den Pflichten des Büttelamtes sich unterzogen, dann wäre damit nur erwiesen, daß deren Erfüllung in früher Zeit keine Mißachtung nach sich zog, nicht aber wäre ein Beweis für die Unrichtigkeit der vom Sachsenspiegel aufgestellten Behauptungen erbracht, da ja Ausnahmen nur die Regel zu bestätigen pflegen.

Die Aktiv-Wahlberechtigten.

Wie wird nun der jeweils benötigte Fronbote aus dem Kreise der zum Amt Berechtigten ausgeschieden? Wird er durch den obersten Gerichtsherrn oder seinen Vertreter nach eigenem Gutdünken bestellt, wird er durch die Masse der Dinggenossen nach freiem Ermessen

---

[1] Anno 1220 Cod. Anh. II n. 46 S. 41, anno 1221 ib. n. 47 S. 41, anno 1233 ib. n. 116 S. 94.

[2] Anno 1247 U.B. d. Hochst. Halberstadt II n. 785 S. 87.

[3] Anno 1274 Cod. Anh. II n. 439 S. 316, anno 1275 ib. n. 452 S. 325.

[4] S. Cod. Anh. VI Reg. S. 218.

[5] Schröder, G.V. S. 11 Anm. 3, S. 51 Anm. 3.

[6] Ebenso v. Zallinger, Untersuchungen S. 168 Anm. 4; vgl. die dort citierten Stellen.

[7] S. Cod. Anh. VI Reg. unter d. Wort.

[8] Reg. zu U.B. d. Hochst. Halberstadt II u. Cod. Anh. VI 245. 246.

berufen, oder steht vielleicht einer bestimmten Personengruppe ein Vorschlags- bezüglich Wahlrecht zu?

Bekannt ist, daß in jener Zeit die höchsten richterlichen Würden durch feierliche Leihe übertragen wurden. Nur zwei Mitglieder der mittelalterlichen Landgerichte stehen außerhalb des gemeinsamen Lehnsverbandes.[1] Das ist einmal der sächsische Gograf, der in etwas dem fränkischen Centenar entspricht, soweit dieser nämlich nicht mit den Pflichten eines Vollstreckungsbeamten bedacht ist. Er gilt als Vertrauensmann des Volkes und wird daher von den „lantlüden“,[2] der Gerichtsgemeinde, nach Willkür zum Amte vorgeschlagen, um späterhin vom Grafen bestätigt zu werden. Der zweite ist unser Fronbote, welcher ebenfalls gewählt werden soll. Ssp. I 2 § 3 sagt „man mut wol kesen enen vronen boden, of de vrone bode stirft“. Wer unter dem unbestimmten „man“ zu verstehen sei, erhellt dann deutlicher aus Ssp. III 45 § 5, indem dorten der allgemeinen Lehre, welcher Volksklasse der Büttel entnommen werden soll, der Satz angefügt wird: „Den sal kiesen die richtere unde die scepenen“. In gleicher Weise beginnt Artikel 56 § 1 des genannten Buches mit den Worten: „Svenne die vrone bode von deme richtere unde von den scepenen gekoren wert“. Nach diesen Stellen scheint ein Zweifel über die Personen der Wähler kaum möglich. Daß unter dem Ausdruck „scepenen“[3] die Urteilfinder des sächsischen Echtedings verstanden werden, bedarf keiner längeren Ausführung. Wenig bedenklicher dünkt die Bezeichnung „richtere“. Wenn in den Quellen[4] auch beharrlich gerade dieser Name wiederkehrt, und nirgends eine nähere Umschreibung desselben sich findet, so scheint er doch durch seine Zusammenstellung mit den „Schöffen“ genügend kenntlich gemacht. Werden ja in Sachsen „scabini“ im Unterschiede zur fränkisch-karolingischen Organisation nur im Grafen- nicht aber im gebotenen

---

[1] Beim König vereinigt sich Wahl und Leihe in einer Person. In feierlicher Kur zum Throne berufen wird er zugleich von Gott mit der höchsten Gewalt betraut. Daher Ssp. I 55 § 1.

[2] Ssp. I 56. Daß in den mit Zusätzen versehenen Handschriften der Gograf ebenfalls belehnt wird, kommt für uns zunächst nicht in Betracht. Vgl. Schröder, G.V. S. 63. 64. Homeyer, Rb. II 2 S. 533 g. Schluß.

[3] Vgl. Planck, I 104. In Ri. 29 wird der Büttel mit Bezug auf die Schöffen „ihr Bote“ genannt. Vgl. Homeyer, Ri. 420.

[4] Z. B. Berlin. St.R. III § 28 S. 153: Den (vroneboden) sal kysen di richter und schepen. Distinctionen IV c. 32 d. 7 S. 243: den sal kisen der richter und dy scheppben. Ebenso Distinctionen VI c. 21 d. 4 S. 330. Dsp. Art. 283 S. 135; 300 S. 138. Dagegen der Schwsp. 127 S. 62: So der frone botte von dem kiunige oder von andren rihtern erwelt wirt...

Gogerichte[1] thätig. Finden wir sie daher zur Ausübung einer Funktion im Verein mit dem „richtere“ bestellt, so muß jede Vermutung dafür eintreten, daß unter dem letzteren nur der „greve“ gemeint sein könne. Dieser Annahme widerstreiten aber die Ausführungen der Glosse, welche sich wahrscheinlich an die abweichende Textgestaltung eines kleinen Teiles[2] der Handschriften anlehnen. Drei der letzteren Görlitz No. 250. (v. J. 1387), Berlin 12 No. 26 (v. J. 1473) und Dresden 26 No. 162 (15. Jahrhundert) haben in art. 45 § 5 Buch III den übrigen Ausführungen noch ein „von dem schultheisen und von schepfin“ angehängt. Nicht minder lautet die Lesart der lateinischen Übersetzung z. B. bei Othmer Fol. 156 Col. 4. „*Ex istis etiam a prefecto et scabinis preco . . . . est eligendus*“. Auf diese Stelle verweisen dann die Erklärungen zu III 56; wenn es bei ihnen heißt:[3] „Das drit stuck ist das in der schultheiß und die „bischoff“ wölen sollen“. Hiernach wäre also nicht der Graf, sondern der Schultheiß an der Wahl des Fronboten beteiligt gewesen. In der Litteratur ist, soweit wir sie zu überblicken vermögen, dieser Zwiespalt der Überlieferungen noch nicht erörtert worden. Wenn gelegentlich von der Bestellung des Büttels die Rede ist, wird meist der unbestimmte Ausdruck[4] der Quellen beibehalten, nur selten, und dann vielleicht unbewußt, scheint eine Entscheidung in der einen oder anderen Richtung getroffen[5] zu sein. Wir glauben im Widerspruch zur Glosse die oben aufgestellte Behauptung, unter dem „richtere“ in Ssp. III 45 § 5 und 56 § 1 sei der Graf[6] zu verstehen, aufrecht erhalten zu müssen. Bei dieser Annahme werden wir durch folgende Überlegungen geleitet.

Erst die neuen trefflichen Untersuchungen Schröders[7] zur Gerichtsverfassung des Sachsenspiegels vermochten es, den ostfälischen Schultheißen uns in richtiger Beleuchtung vorzuführen. Darnach waren dessen Befugnisse zu Eikes Zeit ganz andere als diejenigen, welche man ihm

---

[1] Ssp. II 12 § 3, III 64 § 10, 70 § 1, I 63 § 2. Vgl. Schröder, G.V. 56, 57.

[2] Von Homeyer, Ssp. als D g. f. h. (d. II. Cl. 2. u. 3. Ordnung) bezeichnet, S. 340 Anm. 19, S. 118.

[3] Othmer, Fol. 166. Zobel, Ssp. Fol. 398. Gärtner, Ssp. 446.

[4] Z. B. von Planck I S. 94. Schröder, Schultheiß S. 7 Anm. 2. Hillebrand, R.G. S. 410. Zöpfl, R.G. II S. 92.

[5] Vgl. Meckbach, Anmerkungen S. 810.

[6] Vgl. auch Legenda S. Bonif. ap. Tengel. histor. Goth. supplem. II p. 351: „*Lantgraphius una cum suis eligere debet praeconem possessionatum et modestum . . .*“, abgedruckt bei Schröter, Abhandlungen II S. 77, Haltaus, Glossar Fronb. 535.

[7] Schröder, G.V. S. 58—67, Schultheiß S. 1—16.

früher mit Recht glaubte zuteilen zu dürfen. Sein amtlicher Wirkungskreis[1] umfaßte in erster Linie den Mitvorsitz im Echteding und die Anteilnahme an der Urteilsfindung. Er war dann weiterhin als hervorragende Urkundsperson beim Zustandekommen des Gerichtszeugnisses thätig. Als Richter dagegen funktionierte er nur in seiner Eigenschaft als stellvertretender Vorsitzender[2] bei Klagsachen gegen den Grafen und bei Handhabung des Blutbannes im gebotenen Gericht.[3] Nehmen wir nach dem Gesagten einmal an, die Schöffen hätten den Büttel wirklich unter Zuziehung des Schultheissen gekoren, ist es da wahrscheinlich, daß der Sachsenspiegel zu des letzteren Bezeichnung gerade den Titel „richtere" genommen und nicht wie gewöhnlich[4] so auch hier ihn einfach und unzweideutig „sculthete" genannt hätte? Ist es zu glauben, daß Eike, wenn er einen Beamten, dem zu seinen anderen Pflichten erst kürzlich einige richterliche hinzugewachsen sind, bei Ausübung eines Wahlrechtes anführen will, diesen mit einem Ausdrucke umschreibt, welchen er von dessen neu hinzugekommenen, wenig ins Auge fallenden Thätigkeit herleiten müßte? Mag man ihm mit Recht vorwerfen, er habe es manchmal an nüchterner Erfassung der Verhältnisse fehlen lassen, eine solche logische Begriffsverwirrung ist ihm nicht zuzutrauen.

Eine derartige Wortverwechselung widerstrebte aber auch durchaus dem Sprachgeiste unseres Rechtsbuches. Die Vertretung des Wortes „greve" durch „richtere" ist eine ganz gewöhnliche, welche sich in öfteren Wiederholungen findet. An einer Reihe von Stellen[5] sind beide synonym gebraucht, so daß die Ersetzung des einen Ausdruckes durch den anderen nicht die geringste Sinnstörung veranlaßt. Der Graf[6] ist eben der ordentliche mit dem Königsbanne beliehene Richter jener Zeit. Nicht so der Schultheiß. Dieser wird sogar gelegentlich (Ssp. III 18 § 1)[7] wenigstens von einem Teil der Handschriften zu dem letzteren Begriffe in einen gewissen Gegensatz gebracht. Die Unterschiebung des Wortes „richtere" für „sculthete" in III 45 § 5 wäre demnach ebenso sprachlich ungewöhnlich wie sie sachlich ungerechtfertigt bliebe.

Erwägen wir weiter, wann und wo hätten die Schöffen mit dem Schultheissen sich zur Wahl des Büttels vereinigen können? Im

---

[1] Schröder, Schultheiß S. 1. [2] Schröder, Schultheiß S. 4ff.

[3] Schröder, G.V. S. 67. [4] Homeyer, Ssp. S. 475.

[5] Z. B. greve: III 52 § 2, 64 § 4, 61 § 1, I 2 § 2, II 2; richtere: I 59 § 1, III 18 § 2, 52 § 3, 78 § 2, 88 § 1.

[6] Vgl. Stobbe, G.V. S. 91, 109. [7] Homeyer, Ssp. S. 315.

sächsischen Gogerichte[1] waren die ersteren als solche überhaupt nicht thätig. Ein eigenes Schultheissending[2] hat es im zwölften und beginnenden dreizehnten Jahrhundert nicht gegeben; seine Konstruktion ist unter die doktrinären Sünden des Spieglers zu rechnen. Es bleibt also nur das feierliche, in Gegenwart des Grafen abgehaltene, Landgericht übrig. Ist es anzunehmen, daß dieser bei der Wahl eines gewichtigen Beamten, wie es der Fronbote unzweifelhaft war, nur den müßigen Zuschauer abgegeben, eine durchaus passive Rolle gespielt habe? Lag es nicht weit mehr in seinem Interesse, den Einfluß auf den Entscheid der Frage, welche von einer Reihe von Personen, mit einer einflußreichen Stellung betraut werden solle, nicht ganz zu verlieren?

Wir glauben diese Frage um so mehr bejahen zu müssen, als noch ein Punkt nicht zu übersehen ist. Mit der Wahl der Vollstreckungsbeamten allein war es nicht gethan. Sie galt nur als Vorbedingung der ihr folgenden feierlichen Amtseinführung.[3] Bei diesem letzteren Akte war aber, wie wir gleich sehen werden, der Graf erweislich in hervorragendem Maße thätig. Wenn er hierzu benötigt ward, konnte man ihn bei der kurz vorhergehenden Wahl unmöglich ausschließen. Oder ist es denkbar, daß der „*vicecomes*" sich an der Inthronisierung eines Beamten beteiligt habe, sofern es ihm versagt gewesen wäre, bei dessen Berufung mitzuwirken? Zur bloßen Dekorationsfigur ließ er sich gewiß nicht mißbrauchen.

Suchen wir endlich nach einer Erklärung für die abweichende Ansicht der Glosse, so ist eine solche wohl darin zu finden, daß dieser wie in mancher anderen Beziehung auch hier die weit zurückliegenden Verhältnisse unverständlich geworden waren. Zu ihrer Entstehungszeit hatte das Fronbotenamt schon angefangen, stark in Mißkredit zu geraten. Die Grafen hatten nicht mehr Zeit noch Lust sich mit dem nun untergeordneten Gerichtsbüttel abzugeben. Da aber der einmal vorhandene Text unter allen Umständen erläutert werden sollte, mußte man für „richtere" sich nach einer anderen Deutung umsehen und glaubte in dem Schultheissen einen passenden Ersatzmann gefunden zu haben. Zudem ließ dieser sich jetzt weit eher als in den vergangenen Decennien mit der betreffenden Bezeichnung umschreiben. War er es

---

[1] Vgl. Schröder, G.V. S. 58, Schultheiß S. 1 Anm. 1, Kunde d. Ssp. S. 62.

[2] Vgl. Schröder, Kunde d. Ssp. S. 63.

[3] Ssp. III 56 § 1. Hier ist übrigens in dem „svenne die vrone bode von deme richtere" . . . . dieses letztere Wort in denselben lateinischen Übersetzungen, welche in III 45 § 5 „*praefectus*" haben, mit *judex* (Grafenrichter) wiedergegeben. Vgl. z. B. Othmer, Ssp. Fol. 165 Col. 3. Gärtner, 445.

ja, der bei der vor sich gehenden Umbildung aller Verhältnisse an die Spitze der aus den alten Godingen[1] erwachsenden territorialen Landgerichte treten sollte, denen der Graf fortan nicht weiter präsidierte.

Amtseinführung. Folgerungen.

„Svenne die vrone bode von deme richtere unde von den scepenen gekoren wert, so sal he deme koninge hulde dun na vries mannes rechte; so sal ine die richtere nemen bi der hant, unde setten in up en küssen unde up enen stul jegen sik, unde sal ime die hilgen in den schot dun, unde vrede werken to rechte“ (Ssp. III 56 § 1). Der *„electio“* hat die *„inthronisatio“*, der Erwählung die Huldigung an den König verbunden mit feierlicher Amtseinführung zu folgen.

Der Sachsenspiegel,[2] welcher sonst sich nur selten im Ausmalen von Situationen ergeht, giebt uns genaue Kunde, wie diese Bestallung des Büttels zu geschehen pflegte. Der Fronbote soll dem Herrn des Reiches Hulde leisten nach freien Mannes Recht. Wegen seiner Wichtigkeit und weittragenden Bedeutung wird dieser Akt, wie alle Sachen von allgemeinerem Interesse, in echter Dingversammlung vorgenommen.[3] Der Grafenrichter in eigener Person ist mit der Leitung der Ceremonie betraut.[4] Er tritt auf den Neugekorenen zu, führt ihn zu einem besonders aufgeputzten, mit einem „küssen“ überdeckten, Stuhle und heißt ihn, dort sich niedersetzen. Nachdem jener der Aufforderung Folge geleistet und dem Grafen gegenüber Platz genommen hat, werden ihm die „hilgen“, d. h. die altehrwürdigen Reliquienkästchen,[5]

---

[1] Vgl. Schröder, G.V. S. 67, 68.

[2] Leider fehlen im Heidelberger Cod. pict. gerade an unserer Stelle ein paar Blätter, so daß die sonst vollständigen Illustrationen uns hier im Stiche lassen. Ebenso bringt Lübbens Oldenb. Ssp. nur den Textabdruck, vgl. S. 82.

[3] Vgl. Planck, I S. 118.

[4] Bei den folgenden Ausführungen schließe ich mich, abgesehen von Ssp. III 56 § 1, besonders an Distinctionen B. 6 c. 21 d. 4 S. 330; Purgoldt, Rb. 5 c. 16 S. 153 an. Abweichende Details bleiben dabei außer Betracht, vgl. z. B. Homeyer, Ssp. S. 351 Anm. 4a. Für die Verhältnisse im übrigen Deutschland verweise ich auf Dsp. 300 S. 138, Schwsp. 127 S. 62, Kaiser-R. c. 11 S. 13, 14. Rosenthal, Gwesen Baierns I S. 80 Anm. 1.

[5] Vgl. Dreyer, observ. XVII bei Spangenberg, Beiträge zu R.A. S. 31 ff., auch z. B. Rig. R. S. 267. Abbildungen aus den Bilderhandschriften bei Kopp, Bilder und Schriften S. 64, 74, 93, 129 etc., Batt u. Babo, Denkmäler Taf. VII 1, VII 11. Eine bessere Vorstellung von ihrem eigentlichen Aussehen gewinnen wir in Anschauung der noch erhaltenen Reliquiarien des Mittelalters. Zur Schwurleistung mochte sich besonders die Schreinsform eignen; in zweiter Linie kam der Typus, welcher die wagerechte Fassung eines Cylinders hat, in Be-

in den Schoß gelegt. Diese meist höchst kostbaren Gefäße, welche die Gebeine von Martyrern umschlossen, begegnen uns auch sonst bei gewichtigeren Vorgängen. Es soll durch ihre Zuziehung das Bedeutungsvolle der betreffenden Handlungen hervorgekehrt, die Feierlichkeit vermehrt werden, indem gleichsam Gott mit seinen Heiligen zum Zeugen derselben aufgerufen[1] wird. Bei ihnen hat der Fronbote den Treueid zu leisten, welchen ihm der Richter zunächst vorzusprechen pflegte: „ich thu hy hulde mynen hern, deme koninge, unde swer on hy czu dene heyligen friges mannes recht, daz ich alle recht ome unde den sinen, armen unde richen, wel furdern unde stercken alle zcit czu sime rechten, unde wel des nicht lassen durch lip noch durch leyd, noch durch gobe noch durch furchte, also mir god helffe unde alle heyligen“.[2] Nachdem er geendet, ergreift wieder der Graf das Wort, um ihn mit dem Friedensbann zu schützen: „so wercke ich dir hy gotez frede unde mynes hern des koninges.“

Damit erst ist der Fronbote als notwendiger Teil und wesentliches Glied endgültig der Gerichtsorganisation eingefügt. Es ist diese Amtseinführung für ihn von weittragendster Bedeutung. In ihr sind die Momente gegeben, welche ihn aus der zweifelhaften Sphäre privatrechtlicher Abhängigkeit in ein öffentlich-rechtliches Verhältnis zum Staatswesen emporheben. Nur wenn wir sie richtig zu erfassen vermögen, wird es uns gelingen, die dem sächsischen Büttel des frühen Mittelalters gebührende Stellung in gehöriger Weise zu würdigen.

Der von dem Fronboten geforderte Schwur ist als der springende Punkt in der ganzen Ceremonie zu erachten. Es ist kein einfacher Diensteid,[3] den er leisten soll, wie ihn wohl einst die mehr oder minder unfreien „lictores“, die Schergen der fränkischen Zeit, vor ihrem Gewalt-

---

tracht. Bekannt ist in dieser Art das 1444 von Hans Lauffer zu Lüneburg gearbeitete „Bürgereidskrystall“ aus dem Lüneburger Silberschatze (jetzt im Kunstgewerbe-Museum zu Berlin); vgl. Heinrich Otte, Handbuch der kirchlichen Kunstarchäologie des deutschen Mittelalters 5. Aufl. Bd. I Leipzig (Weigel) 1883 S. 208. Dort auch nähere Litteratur verzeichnet. Gute Abbildungen: Hallisches Heiligtumsbuch (Bd. XIII der Liebhaberbibliothek alter Illustrationen in Faksimilereproduktionen) Hirths Verlag München 1889, besonders S. 34—37, 62—65, 66, 78—79. Wittenberger Heiligtumsbuch, illustriert v. Luc. Cranach d. Ält., neugedruckt München 1883, besond. „der ander gang des Heiligthums“. Das Wiener Heiligtumsbuch, neugedruckt Wien 1892 passim.

[1] Vgl. Glosse z. Art. 56. Othmer, Fol. 166. Gärtner, 446.

[2] Distinctionen 6 c. 21 d. 4 S. 330. Von Ssp. Handschriften hat einen ähnlichen Eid nur C d. (Dresden 27 No. 163) aufgenommen, s. Homeyer, Ssp. S. 351 Anm. 4a. Vgl. noch den Eid, welchen anno 1450 ein Fronbote zu Halle leistet, bei Dreyhaupt, Saalkreis II S. 471.

[3] Vgl. Planck, I S. 94 Anm. 2.

herrn abgelegt hatten. Aber andererseits ist es auch nicht der Lehnseid,[1] wie ihn Graf und Schultheiß schwören. Von einer Ausstattung des Bodels mit einem Beneficium, von einer Eingliederung in den gerichtlichen Lehnsverband ist nirgends die Rede. Was von ihm verlangt wird, ist vielmehr ein eigentlicher Amtseid in des Wortes technischster Bedeutung. Wenn es überhaupt angängig ist, unseren modernen Beamtenbegriff[2] in seiner öffentlich-rechtlichen Ausgestaltung in die mittelalterliche Kulturwelt zu versetzen, so darf dies in Anwendung auf die vorliegenden Verhältnisse geschehen. In der Amtseinführung des Fronboten sind alle für seine Konstruktion wesentlichen Momente vollauf gegeben.

Ohne Rücksicht auf Lust und Leid, unbekümmert um Gunst und Ungunst der Menge, Recht zu stärken und Unrecht zu kränken, hat der Büttel geschworen. Als freier Mann ist er in ein vertragsmäßiges und ethisches Gewaltverhältnis zum Herrn des Reiches getreten, welches ihn zur Übernahme besonderer Dienste, zu besonderer Treue und Ergebenheit seinem Könige gegenüber verpflichtet.[3] Und der letztere hinwiederum hat die notwendige Aufgabe übernommen, den neugewonnenen Beamten in Ausübung seiner Thätigkeit nachdrücklichst zu schützen. „*Banno pacis muniri solebat*",[4] durch den Friedensbann sollte er gefestigt, gleichsam für sakrosankt erklärt werden. Jedes Vergehen gegen ihn ward von nun an zwiefach geahndet. Er allein mag in Zukunft „die leut on sünd peinigen und töten dürfen".

Nicht die Verleihung eines Beneficiums, nicht der Eintritt in eine der zahlreichen Lehnsverbindungen, sondern die Art der Huldigung ist das Kriterium zur Erkenntnis der Stellung, welche ein Mann im Staatswesen jener Zeit einnahm. Dem Oberhaupt des Reiches[5] hat der Fronbote Treue geschworen, damit ist er Beamter, und zwar ein könig-

---

[1] Vgl. Homeyer, Rb. II_2 541.

[2] Vgl. Paul Laband, Das Staatsrecht des deutschen Reiches 3. Aufl. (Freiburg i. B. u. Leipzig, J. B. Mohr) 1895 Bd. I S. 386, 387.

[3] Meckbach, Anmerkungen 810 sagt: Der Büttel lege wie ein anderer freier Mann dem Könige das „Vasallagium" ab. Damit hat er nicht ganz Unrecht. Es wird thatsächlich ein der ursprünglichen nichtbenefizierten Vasallität analoges Verhältnis geschaffen, nur daß die Art der versprochenen Dienste sich geändert hat und die Unterordnung unter den Herrn eine, wenn wir so sagen dürfen, mehr staatsrechtliche geworden ist. Vgl. Brunner, R.G. II S. 207ff., 242—274. Schröder, R.G. 154—159.

[4] Haltaus, Glossar 535.

[5] Vgl. Kaiser-R. c. 11 S. 13ff. Nach Richtsteig Landrechts schwört der vronebode seinen Eid „deme rike". Ri. c. 34 § 7 S. 233.

licher Beamter[1] im vollkommensten Sinne, geworden. Vom Inhaber des weltlichen Schwertes hat die ihm verliehene Machtfülle[2] ihren Ausgang genommen, und ihm ist er auch in erster Linie zur Erfüllung seiner Obliegenheiten verpflichtet.[3] Wie der Graf nicht schon durch die Belehnung, sondern erst durch die „Huldeleistung"[4] das Recht zu „richten" gewann, so, dünkt uns, ward ganz ebenso dem Fronboten nicht durch die Wahl, sondern infolge des geschworenen Beamteneides das Recht zu „vollstrecken"[5] gegeben. „So hevet die vrone bode gewalt", alle die Thätigkeiten auszuführen, welche seine Amtspflichten ihm auferlegen, aber auch anderseits alle die Rechte und Vorteile zu genießen, welche ihm in Anlehnung an seine Würde zuzufließen pflegten.

Amtsdauer. Anzahl der zum Amte jeweils Berufenen.

Der Fronbote ist nicht Privatuntergebener des Richters, sondern steht im öffentlichen Dienst des Rechtes und Reiches. Er ist ein durch freie Wahl der Urteilfinder unter Mitwirkung des Grafen gekorener Beamter, der bei Übernahme seiner Obliegenheiten feierlich im Namen des Königs investiert wird. Nach seiner Amtseinführung ist er für die Dauer seines Lebens zur Erfüllung der ihm aufgetragenen Pflichten verbunden. Ssp. III 45 § 5[6] teilt uns zwar nur ganz allgemein mit, man solle jeweils im Bedürfnisfalle einen neuen kiesen und läßt uns im ungewissen, wie oft diese Notwendigkeit eingetreten

---

[1] Daher möchte ich Schröder nicht zustimmen, wenn er den Fronboten als „Unterbeamten" bezeichnet, in Hinblick darauf, daß er kein Gerichtslehen empfängt; s. Schröder, Schultheiß S. 7. Der Frage nach der Art der Huldigung gegenüber tritt der Empfang eines *beneficiums* völlig in den Hintergrund, wo es sich um Beurteilung der Stellung einer Persönlichkeit im Staatsverbande handelt. Vgl. übrigens Schröder a. a. O. S. 7 Anm. 5 und R.G. § 49 S. 549 Anm. 115.

[2] Der König als Leiter der Exekution, s. Maurer, G.V. S. 61.

[3] In zweiter Linie natürlich auch dem Grafenrichter u. s. w.; vgl. Purgoldts Rb. 5, c. 16 S. 153.

[4] Über diesen „Beamteneid" des Richters Ssp. III 54 § 1 und Glosse. Othmer, Fol. 164 c. 2. Zobel. Gärtner, 442. Er stimmt nicht nur der Sache, sondern fast auch dem Wortlaute nach mit dem Fronbotenschwur überein. Vgl. Homeyer, Rb. II_2 S. 541. Brunner, Exemtionsrecht S. 2, 3.

[5] Im Sinne des Ssp. ebenfalls das Recht zu „richten", denn dieses Wort bedeutet nicht nur Urteil finden, sondern auch Urteil vollziehen, insbesondere Hinrichten vgl. Ssp. II 18 § 1, III 3, 55 § 2, 28 § 2. Homeyer, Ssp. Reg. S. 470. Die Glosse nennt darob den Fronboten geradezu den „dritten Richter"; vgl. Glosse zu III 56. Othmer, Fol. 165 Col. 4. Zobel. Gärtner.

[6] Ebenso Distinctionen 4 c. 32 d. 7 S. 243.

sei; hierzu tritt aber ergänzend Ssp. I 2 § 3, in welch letzterem Paragraphen die Wahl angeordnet wird „of de vrone bode stirft". Unzweifelhaft ist demnach das Büttelamt ein lebenslängliches. Nicht so unbestritten ist die weitere Frage, ob es auch ein ungeteiltes sei, daß heißt, ob, wie nur ein vicecomes, ein Schultheiß in der Grafschaft existierte, ebenso nur ein Fronbote vorhanden war. Die Überlieferung der Quellen ist in dieser Hinsicht keine übereinstimmende. Während der Sachsenspiegel selbst nirgends vom Büttel im Plural spricht und damit wenigstens indirekt andeutet, es habe zu seiner Zeit nur einen Träger dieses Namens gegeben, sagt z. B. das Meißner Rechtsbuch[1] gelegentlich: Zu deme gerichte sin froneboten in lantrechte, in wichbilde botele, eyner zcwene adder dry.

Wie dürfte der Widerspruch zu lösen sein? Am ehesten gelangen wir vielleicht zu einem Resultate, wenn wir die verschiedenen Möglichkeiten einer Teilung des Fronbotenamtes einzeln an uns vorüber ziehen lassen.

Wie bekannt ist, wurde das ordentliche Landgericht, bei dem der bodel keine unwichtige Rolle zu spielen hatte, nicht jedesmal an demselben Orte[2] der Grafschaft, sondern in bestimmter Reihenfolge wechselnd an verschiedenen Dingstätten abgehalten. Es könnte nun der Fall gewesen sein, daß für jede derselben ein besonderer Vollstreckungsbeamter vorgesehen gewesen wäre. Steht doch untrüglich fest, daß die gerichtspflichtige Menge, der sog. Umstand,[3] jeweils nur der „*centena*", dem engeren Sprengel innerhalb des größeren Bezirkes, entnommen ward. Daß diese Erscheinung für den Gerichtsvollzieher in Wirklichkeit nicht zutraf, daß er nicht an der einzelnen Malstatt haftete, läßt sich urkundlich belegen. In den Nachrichten, welche sich auf Vorgänge der Grafschaft Mühlingen beziehen, wird für die Jahre 1220—1233 dreimal ein *praeco* Heidenrich von Schwaneberg genannt. Bei zweien derselben[4] assistiert er Landgerichtsversammlungen, welche bei dem Dorfe Groß-Mühlingen (nordwestlich Calbe) abgehalten wurden. In der dritten[5] jedoch ist er bei der gleichen Gelegenheit an einer anderen Dingstätte

---

[1] Distinctionen 3 c. 1 d. 3 S. 135. Dsp. 4 S. 36: Swa ein gericht ist, da sol sein ein scherge, oder mer dann einer. Schwsp. 1 S. 5: Swa geriht ist da sol ein gebiutel sin, oder me danne einer. Kaiser-R., Überschrift zu c. 11 S. 13: Von den boeden des gerichts, *de praecone vel nunciis iudicii.* Purgoldts Rbuch 5 c. 16 S. 153.

[2] Vgl. Schröder, G.V. S. 3—46. [3] Vgl. Schröder, G.V. S. 47.

[4] Cod. Anh. II n. 46 S. 41 anno 1220, n. 47 S. 41 anno 1221.

[5] Cod. Anh. II n. 116 S. 94 anno 1233. Daß um dieselbe Zeit zwei Träger des gleichen Namens existiert hätten, ist nicht anzunehmen. Über die Schwanebergs v. Zallinger, Schöffenbarfreie S. 168. Vgl. auch oben S. 22 bes. Anm. 5—7.

der Grafschaft, nämlich zu Salbke (südlich von Magdeburg), thätig. Weiterhin wird z. B. für das Jahr 1196 ein *bedellus provincie*[1] bezeugt, ein Ausdruck der nicht minder als die oben angeführte Thatsache für die Kompentenzausdehnung des Büttelamtes über die ganze Grafschaft zeugt.

Zweitens ließe sich die Möglichkeit denken, das Gerichtsvollzieherwesen sei zu gleichwerten Teilen zwei oder mehr Persönlichkeiten anvertraut gewesen, etwa um zu großer Arbeitsüberlastung eines einzelnen zu steuern.[2] Für die städtischen Verhältnisse kann man eine derartige Entwickelung ganz wohl nachweisen. Für die Landgerichte des zwölften und auch noch dreizehnten Jahrhunderts glauben wir sie verneinen zu müssen. In den Urkunden[3] ist stets nur von einem *preco* die Rede; hätte es mehrere Inhaber dieser Würde gegeben, so wäre neben dem „amtierenden vroneboden“ wenigstens gelegentlich der Zeugenaufzählung irgend einmal von einem seiner Kollegen die Rede. Diese Erwägung, verbunden mit der Erkenntnis, daß Eikes Werk nirgends auf eine Trennung der Gewalten, beziehentlich Funktionen des „vollstreckenden Richters“ hinweist, muß die gedachte Annahme hinfällig machen. Demgegenüber hat auch die citierte Stelle des Meißner Rechtsbuches keine durchschlagende Kraft; denn abgesehen davon, daß sie einer viel späteren Zeit,[4] der zweiten Hälfte des 14. Jahrhunderts, angehört, ist nicht zu übersehen, daß die ganze Tendenz der Distinktionen zunächst dahingeht, eine Darstellung des Weichbildrechtes[5] zu bieten und daß nur zum Vergleiche das Landrecht herangezogen wird. Leicht mögen dabei dem unbekannten Verfasser Übertragungen der Erscheinungen des einen Gebietes auf das andere mit untergelaufen sein.

Unseres Erachtens suchte man einer Überlastung nicht etwa dadurch abzuhelfen, daß man das Amt selbst teilte,[6] sondern indem man

---

[1] Cod. Anh. I n. 710, auch abgedruckt bei v. Zallinger, Schöffenbarfreie S. 87 Anm. 2.

[2] Dies scheint Schröders Ansicht zu sein, wenn er schreibt (Schultheiß S. 7 Anm. 1): „Fronboten konnte es nach Bedürfnis mehrere geben“.

[3] S. z. B. die S. 11 ff. citierten.

[4] Das Gleiche gilt von der entsprechenden Stelle (5 c. 16 S. 153) in Purgoldts Rbuch; „dieses sucht die am Anfange des 16. Jahrhunderts praktisch wichtigsten Sätze zusammenzustellen“. Stobbe, Rquellen II 145 ff.

[5] Vgl. Stobbe, Rquellen I S. 411—416. Schröder, R.G. § 54 S. 645 Anm. 55. Daß gerade unsere Stelle Weichbildrecht anführen will, erhellt aus dem Eid, welchen nach ihr der „botele“ schwört, in dem es unter anderem heißt, er werde Kunde thun „dem gericht und dem rad“ (Distinctionen S. 136). Stadträte hat es aber doch im Landrechte nie gegeben!

[6] Meckbach, Anmerkungen konstruiert, irregeleitet durch den Ausdruck bodel im Ssp. III 61 § 3, neben dem „Fronboten“ einen besonderen Gerichts-

seinem verantwortlichen Inhaber gestattete, für die Leistung manueller, geringerer Dienste sich unter Umständen Privatuntergebener zu bedienen. Läßt sich der Beweis dieser Behauptung auch nicht bis zur Evidenz durchführen, so vermögen wir doch vielleicht ihre Richtigkeit, wahrscheinlich zu machen.

Der Sachsenspiegel betont verschiedentlich nur der „echte“ [1] Fronbote dürfe eine bestimmte Handlung vornehmen. Dies könnte zweierlei Ursachen entspringen. Einmal sollte wo möglich Nachdruck darauf gelegt werden, daß nur der richtig investierte, der „geschworene“ Büttel betreffenden Falls thätig werden dürfe, anderseits kann aber das Hervorheben seiner Legitimität zu dem Gedanken berechtigen, neben den echten müsse es als Gegensatz unechte, staatlich nicht anerkannte Vollzugsorgane gegeben haben. Für die letztere Annahme spricht vor allem die Erwägung, daß sich überall in der Entwickelung des Vollstreckungsverfahrens analoge Verhältnisse finden lassen. Wir sahen, wie in altfränkischer [2] Zeit neben den verantwortlichen Leitern des Gerichtsvollzieherwesens, den Grafen-Centenaren, deren unfreie Knechte standen, um zur Erledigung weniger geachteter Arbeiten herangezogen zu werden. Wir wissen, daß die süddeutschen [3] Schergen des Mittelalters bei Ausübung ihrer Amtsfunktionen einer ganzen Reihe Privatuntergebener sich bedienten. Endlich steht fest, daß auch den späteren „Scharfrichterfamilien“ neben dem relativ angesehenen Oberhaupte, niedriges Hilfspersonal in größerer Anzahl zugehörte. [4] Sollte den sächsischen Fronboten allein eine derartige Unterstützung nicht zu teil geworden sein?

Wenn die zeitgenössigen Quellen über diesen Punkt Stillschweigen

---

diener, den er als „Büttel“ bezeichnet, S. 710, 808, 832; vgl. auch oben S. 18 Anm. 3. Außerdem kennt er noch Abdecker, Schinder, S. 710. Unterschiede zwischen „Büttel“ und „Fronboten“ aufzustellen, will ihm selbstredend nicht wohl gelingen, vgl. S. 808. Daß er mit seiner Meinung sich im Unrecht befindet, beweisen einmal die Handschriften des Ssp. selbst, welche nur zum Teil das Wort bodel oder seine Variationen an der genannten Stelle haben, zum Teil aber auch die Lesart vronebode, rechters bode etc. kennen, vgl. Homeyer, Ssp. II 357 Anm. 9 zu III 61. Sodann gebraucht auch die Glosse die verschiedenen Worte vollständig synonym, z. B.: die fronbate, das heißt der heilige bate das ist der bittel, s. Othmer, Ssp. Fol. 42 c. 4. Zobel, Fol. 131. Gärtner, 115.

[1] Ssp. III 55 § 2; die Handschriften Dresden n. 164, Berlin 391, 453 n. 34 u. 35, Berlin 12 n. 26, Dresden 26 n. 162; vgl. Homeyer, Ssp. S. 351 Anm. 2 zu III 56; ebenso in III 56 § 1. Der Ausdruck ist auch in den Schwsp. übergegangen, z. B. 126 S. 62: „rehte frone botte“. Vgl. noch Planck, II 170, 237.

[2] Oben S. 6 ff.

[3] Vgl. Rosenthal, Gwesen Baierns I S. 81 Anm. 1, 2.

[4] Vgl. Beneke, Unehrliche S. 162—260.

bewahren und uns ohne Aufklärung lassen, so vermögen wir doch wenigstens aus dem Ende des dreizehnten Jahrhunderts[1] ein Zeugnis für die aufgestellte Ansicht beizubringen. Es ist die Illustration, welche die Heidelberger Bilderhandschrift zu Ssp. III 7 § 4 giebt.[2] In der angezogenen Stelle erklärt Eike, daß Juden, welche Kelche, Meßbücher und sonstige Kirchengeräte an sich zu bringen suchen, als Diebe zu bestrafen seien. Der Maler führt zur Erläuterung eine derartige Exekution vor Augen. Mit Zuhilfenahme zweier Bäume ist ein Galgen hergerichtet, woran soeben der Schuldige mit verbundenen Augen[3] in die Höhe gezogen wird. Aber merkwürdiger Weise ist der die Hinrichtung vollstreckende Diener nicht der uns aus anderen Abbildungen[4] bekannte Fronbote, sondern eine Figur, wie sie in der ihr eigentümlichen Gestaltung sonst nirgends in den Illustrationen wiederkehrt. Nicht nur daß sie eine Kopfbedeckung[5] trägt, welche sich bei keiner der übrigen Personen des Codex findet, ist sie auch in ihrem ganzen Typus als dem niederen Volksstande angehörend, bezeichnet.[6] Die absichtlich roh behandelten Gesichtszüge, namentlich die eingebogene Nasenbildung, gleichen nicht denen des Büttels, sondern jenen der Bauern, unehelichen Kinder, nicht Lehnsfähigen, überhaupt allen, welche der Künstler zur Kenntlichmachung ihres niederen Ranges recht häßlich darzustellen suchte.[7] Da kaum zu glauben ist, daß der Illustrator diese Figur ganz frei erfunden habe, sind wir wohl zu der Meinung berechtigt, dem sächsichen Fronboten hätten, wie auch den

---

[1] Über das Alter der Bilder des Heid. Cod. pict. Stobbe, Rquellen I S. 387 bes. Anm. 58; Homeyer, Stellung S. 34. Nach beiden stammt wenigstens das Original, dem der Zeichner folgte, aus dem 13. Jahrhundert. In eine noch frühere Zeit setzen die Bilder Kopp, Bilder und Schriften I S. 158; Batt u. Babo, Denkmäler S. 71, 72.

[2] Abgebildet bei Batt u. Babo, Denkmäler Tafel XV n. 5.

[3] Näheres siehe bei Wiarda, Asegabuch S. 299.

[4] Batt u. Babo, Denkmäler z. B. Taf. VII n. 6, 7, XVI 10, XVII 2.

[5] Batt u. Babo, Denkmäler Col. 30: „Die Kopfbedeckung des ‚Henkers‘.. gehörte vielleicht zu einer ausgezeichneten Tracht dieses Handwerks, oder es war ein Zeichen der Makel, die solchen Personen anklebte, die ihre Haare nicht frei tragen durften.“

[6] Ähnlich ist es wenigstens im Heidelberger Cod. pict. mit der Illustration zu Ssp. III 3. Die Henkersknechte, welche hier an dem Weibe die Strafe zu Haut und Haaren vollziehen, zeigen durchaus den verrohten Gesichtsausdruck, wie ihn der oben angeführte Scherge hat, s. Batt u. Babo, Denkmäler Taf. XIV 5. Für die Wolfenb. HS. s. Grupen, observationes VII S. 123. Dagegen haben die Personen, welche die Enthauptung vollstrecken, den Typus der besseren Stände, ähnlich dem des Fronboten, wenn sie auch nicht dessen Symbole tragen.

[7] Vgl. Kopp, Bilder und Schriften I S. 64, 78, 126.

übrigen Exekutivbeamten des Mittelalters, zur Leistung manueller Verrichtungen, z. B. der Nachrichterdienste am gewöhnlichen Volke, besondere Gehilfen und Knechte zur Seite gestanden.

2. Die Pflichten des Fronboten.

Es waren Gedanken allgemeiner Natur über das Fronbotenamt als solches, welche wir an uns vorüberziehen ließen. Im folgenden wenden wir uns den Vorzügen und Nachteilen zu, welche dem Büttel aus seiner Würde erwuchsen, den Rechten und Pflichten, die mit seiner Amtsstellung verknüpft zu sein pflegten. Mit letzteren, dem ergiebigsten Teile, möge begonnen werden.

§ 3.

a) Der Gerichtsdienst des Fronboten.

Persönliche Dingpflicht.

Der Fronbote gehörte neben Graf, Schultheiß und Schöffen zur ordnungsgemäßen Besetzung der sächsischen Landgerichte im Mittelalter. „Over achtein weken sal die greve sin ding utleggen buten den gebundenen dagen to rechter dingstat, dar de scultheite unde die scepenen unde die vrone bode si“ (Ssp. III 61 § 1). Mit dieser Thatsache ist ein hauptsächliches Unterscheidungsmerkmal zwischen ihm und seinen Kollegen[1] der südlicheren Gegenden gegeben. Wenn im Gegensatz zu der vorgegangenen Periode[2] auch sonst in Deutschland zu jener Zeit besondere vom Richter eingesetzte Vollzugsorgane aufkamen, wenn man allerorten anfing, das Gerichtsvollzieheramt von dem des Unterrichters loszulösen, so vermochte man doch nirgends den neugeschaffenen Beamten als wesentlichen Bestandteil der Gesamtorganisation einzufügen und ihm einen seiner Wichtigkeit entsprechenden Rang in der allgemeinen Ordnung anzuweisen. Nur in Sachsen hat er alten Traditionen gemäß im zwölften und dreizehnten Jahrhundert die angesehene Stellung eines ordentlichen Mitgliedes des Gerichtshofes innegehabt. Dies wird sowohl durch Eikes Werk, wie durch andere unverdächtige Nachrichten in Rechtsbüchern und Urkunden untrüglich bezeugt.

Fraglich ist nur, ob sich die Pflicht der Beiwohnung von seiten des Büttels allein auf die Landgerichte beschränkte oder auch auf

---

[1] Vgl. Rosenthal, Gwesen Baierns I S. 79ff. Schröder, R.G. § 49 S. 549. Waitz, V.G. VIII S. 80.

[2] Vgl. oben S. 5. 6.

die übrigen Versammlungen, in denen Recht gesprochen wurde, ausgedehnt war? Da die bisher zu diesem Punkte in der Litteratur[1] geäußerten Ansichten nicht übereinstimmen, müssen wir darnach streben, an Hand der Quellen selbst zu einem Resultate zu gelangen.

Der citierte[2] Satz des Sachsenspiegels spricht zunächst nur von allen zu rechter Zeit an echter Stätte abgehaltenen Grafendingen,[3] in welchen über Vergabungen von Eigen und über alle Ungerichtsklagen gegen „Schöffenbarfreie" entschieden wurde.[4] Außerdem wurden aber unter Umständen für unerledigt gebliebene Strafsachen noch Afterdinge[5] angesetzt, welche als integrierender Bestandteil der echten Landgerichte erachtet wurden.[6] Sie mußten daher von ganz denselben Personen, wie die letztgenannten besucht werden, da jegliches Echteding die volle verfassungsmäßige Besetzung des Gerichts: Umstand, den Richter, dessen Gehilfen und Beisitzer forderte.[7] Daß dies insbesondere für den Fronboten zutraf und dieser nicht etwa bei den „Nachgerichten" fernbleiben durfte, erhellt aus einer Stelle des Richtsteig Landrechts,[8] in welcher von Berufung der Dinggenossen zu außerordentlichen Gerichtstagen die Rede ist. Es wird dort gesagt, die Schöffen müßten zu solchen Gelegenheiten durch ihren Boten, d. h. den Büttel,[9] geladen werden, wodurch indirekt ausgedrückt ist, dieser müsse selbst bei den betreffenden Versammlungen zugegen sein. Ließe sich aus dem Angeführten schon mit Sicherheit schließen, daß überall, wo der Graf Gericht hielt, ihm der Fronbote zu assistieren hatte, so wird dies zum Überflusse noch durch anderweite Zeugnisse bekräftigt. So stimmt z. B. die Illustration der Bilderhandschriften genau mit den Worten des Textes in Ssp. III 61 § 1[10] überein. Zur Linken des Grafen sitzt der Schultheiß, gegenüber die Schöffen, bei denen freilich nicht zu ersehen ist, ob sie auf einer Bank oder Stühlen Platz genommen haben. In der Mitte

[1] Unbestimmt drückt sich aus SCHRÖDER in R.G. § 49 S. 549. BURCHARD, Ghegung S. 207. SYDOW, Erbrecht S. 302. Auf die Konstatierung der Anwesenheit des Büttels im Grafengericht beschränken sich PLANCK I 54, 94, 95. GÖSCHEN, Ssp. XIIIf. SCHRÖDER, G.V. 51, Schultheiß S. 2 Anm. 4, vgl. anderseits G.V. S. 62. ROSENTHAL, Gwesen Baierns I 79. HOMEYER, Ssp. Reg. 424. Nur dem Echteding gehöre der Fronbote an, behaupten SOHM, Fränkische Verfassung S. 537 Anm. 36. HOMEYER, Ri. S. 420. — MECKBACH, Anmerkungen S. 24, 73, 422, 831 hat sich die Frage nirgends vorgelegt und drückt sich ganz ungenau aus.

[2] Ssp. III 61 § 1. [3] Vgl. SCHRÖDER, G.V. S. 3, 28. PLANCK, I 54.

[4] Ssp. I 21 § 1, 52 § 1, 59 § 1, 67 § 1, II 12 § 2, III 19.

[5] Ssp. I 2 § 2.

[6] Demnach jedes Landgericht = echtes Ding. SCHRÖDER, G.V. 4. PLANCK, I 55. SOHM, Fränkische Gerichtsverfassung 439.

[7] SOHM, a. a. O. 403. [8] Ri. c. 29 S. 191, 192. [9] HOMEYER, Ri. 420.

[10] BATT u. BABO, Denkmäler Taf. XXIV 1.

zwischen beiden Gruppen steht[1] der als solcher erkennbare Büttel. Nicht minder berichten eine ganze Reihe von Urkunden,[2] daß bei den zwecks Güterauflassungen gehaltenen Landgerichten der Vollstreckungsbeamte anwesend war.

Ist damit der Pflicht des Fronboten Genüge geleistet, oder pflegte er auch an den gebotenen Godingen teil zu nehmen? Der Sachsenspiegel giebt hierüber keinen direkten Aufschluß. Auch durch die von ihm gebrachte Notiz über das Verhältnis des Vollzugsorganes zu den Dingladungen werden wir nicht klüger. Zu den später erörterten Vorrechten[3] des Büttels gehörte nämlich die Befugnis, einen Mann aus jedem Dorfe von dem Erscheinen „vor Gericht“ befreien zu dürfen. Daß dabei aber ebenfalls nur vom echten, nicht vom gebotenen Dinge die Rede sein kann, muß aus der hinzugefügten Ausnahme „sunder den burmester“ geschlossen werden, der eben nach Ssp. I 2 § 4, Ri. 1 § 4, 3[4] im Grafengericht unentbehrlich war. Ob demnach schon in älterer Zeit, also etwa im zwölften Jahrhundert, eine Nötigung des Fronboten bestanden habe, den einfachen gebotenen Dingen, in welchen die Gografen über Bagatellsachen abzuurteilen pflegten, beizuwohnen, scheint zweifelhaft.

Durch neuere Forschungen wurde nun aber zur Gewißheit festgestellt, daß genau in den nämlichen Versammlungen der Schultheiß nach Auftrag des Grafen den Blutbann zu handhaben hatte.[5] Fernerhin ist erwiesen, daß ihm gegen Ende des dreizehnten Jahrhunderts mehr und mehr die Immobiliarsachen anheimfielen und demgemäß ganz ebenso auf die alten Gogerichte übertragen wurden. Nähere Aufklärung über die Frage, wieweit der Büttel bei diesen Gerichtsversammlungen unentbehrlich war, vermögen wir allein aus den erhaltenen urkundlichen Belegen zu gewinnen, da der Sachsenspiegel gerade betreffs der „Schultheißengerichte“ durchaus unzuverlässige Angaben macht.[6] Und wirklich wird durch sie bezeugt, der Fronbote habe an den zu „schultetendingen“ umgewandelten Gogerichten teil genommen. So ist z. B. Nachricht über eine Auflassung *in judicio schultheti nostri Bertholdi* vom Jahre 1276[7] erhalten, bei welcher nicht nur die An-

[1] Vgl. Maurer, Städteverfassung III 583. Grimm, R.A. 767. Batt u. Babo, Denkmäler S. XXVII, u. die oft citierten Tafeln. Anders fälschlich Heineccius, Elementa III 401..

[2] Vgl. z. B. die S. 21 Anm. 3 u. S. 22 Anm. 1—3 citierten Belege.

[3] Ssp. III 56 § 3: Enem manne von iewelkeme dorpe mut he wol dinges erlaten, of he nicht beklaget n' is, sunder den burmester.

[4] Vgl. Planck I S. 54 Anm. 11. [5] Schröder, G.V. 60, 65, 67.

[6] Vgl. Schröder, G.V. 56ff., Kunde des Ssp. 62.

[7] U.B. des Hochst. Halberst. II n. 1315; vgl. auch eine Auflassung aus dem Jahre 1274, die ebenfalls im „Schultetending“ vorgenommen ward und bei

wesenheit des *„preco“ Bernardus* hervorgehoben wird, sondern dieser zugleich jenen zugerechnet erscheint, *qui consueverunt huiusmodi donationibus interesse.* Für die genannten Schultheißengerichte kann demnach ein Zweifel betreffs seiner Dingpflicht nicht bestehen.

Freilich darf aus den Nachrichten über diese späteren weiterentwickelten Gogerichte kein Rückschluß auf die frühere Zeit gezogen werden. Denn daß der Fronbote zugleich mit dem Schultheißen in die gebotenen Dinge übertrat, kann bei dem eigentümlich engen Zusammenhang, in welchem beide Ämter standen, nicht wunder nehmen, und hatte außerdem den besonderen Grund, daß die vollziehende Thätigkeit des Büttels bei Ungericht und Prozessen um Eigen eben unenthehrlich war.

Ankündigung der Gerichtsversammlung. Ladung der Parteien.

Mit dem einfachen Erscheinen im Ding, der vornehmsten Pflicht des Fronboten, allein war es nicht gethan; er war auch mit der Sorge für einen ruhigen geordneten Verlauf der Landgerichtsversammlungen betraut. Einmal hatte er für genügende Vorbereitung der einzelnen Sitzungen zu sorgen und weiter während ihres Fortganges eine Art Sitzungspolizei zu üben.

Über die Anteilnahme des Büttels an Dingankündigung und einer etwaigen Ladung der Parteien erhalten wir durch den Sachsenspiegel und die ihm nahestehenden Quellen zum Teil unklare, zum Teil mangelhafte Ausführungen. Wenn wir uns nicht willkürlichen Kombinationen hingeben wollen, werden wir daher diese Punkte jetzt nur kurz behandeln dürfen, und dann später bei Betrachtung anderweitiger Verhältnisse nochmals auf sie zurückgreifen.

Wertvoll sind zunächst hauptsächlich zwei Stellen: Ssp. III 56 § 3 und Richtsteig Landrechts Kap. 29, die wir beide schon oben gelegentlich der Dinganwesenheit des Vollstreckungsbeamten verwerten konnten. In ersterem Satze[1] läßt sich vielleicht die Andeutung finden, der Fronbote habe die Dispensierung einzelner von der allgemeinen Dingpflicht gelegentlich einer öffentlichen Ankündigung des abzuhaltenden ordentlichen Landgerichtes vorgenommen. Nötiger noch war freilich eine Bekanntmachung der peinlichen Notgerichte an die Beteiligten, da ohne eine solche deren Anwesenheit unmöglich verlangt werden

---

der auch unter den Zeugen ein *preco* (Olricus) erwähnt wird, U.B. d. Stadt Halberst. I n. 140 S. 121.

[1] Abgedruckt oben S. 37 Anm. 3. Vgl. Distinctionen 6 c. 22 d. 8 S. 331.

konnte. Wie dies zu geschehen pflegte, erzählt das angeführte Kapitel des Richtsteigs.[1] Nach ihm wurden die Schöffen durch den Fronboten benachrichtigt, die übrigen Dinggenossen durch des Richters Zeichen. Zufolge dieser uralten und bei vielen germanischen Stämmen verbreiteten Sitte,[2] wurden die Gerichtspersonen durch Übersendung eines Symbols richterlicher Gewalt zum Erscheinen aufgefordert. Nach der Antithese in Richtsteig c. 29 scheint das Herumschicken des Zeichens an die Dingpflichtigen nicht durch den Fronboten geschehen zu sein. Vermutlich lag den Beschickten selbst die weitere Beförderung ob, möglich auch, daß ein Privatuntergebener[3] des Grafen damit beauftragt war.

Dies die spärlichen Nachrichten über die allgemeinen Bekanntmachungen der Gerichtsversammlungen in Ostfalen.[4] Was die Ladung der jeweilig direkt beteiligten Parteien anlangt, so geht die Darstellung in Eikes Rechtsbuch[5] von der stillschweigenden Annahme aus, daß für die dreimal im Jahre wiederkehrenden Echtedinge, eine solche meist nicht nötig sei. Hier findet, wer klagen will, Richter und Schöffen und darf nicht minder hoffen, auch seinen Gegner anzutreffen, sofern dieser nur überhaupt zu den Genossen der gleichen Gerichtsgemeinde gehört. Ein Angehen des Richters, um etwa durch ihn mit Hülfe des Fronboten den Beklagten besonders entbieten zu lassen, wird nicht erwähnt, man müßte denn gerade die Bemerkung in Ssp. III 56 § 3, der Büttel dürfe den Angeschuldigten selbst von seiner Pflicht, im Dinge zu erscheinen, nicht befreien, dahin deuten,[6] er habe ihn vielmehr statt dessen jedesmal durch eine Ladung an die Notwendigkeit seines Kommens gemahnt. Der abwesend gebliebene Beklagte hat ein Recht auf Ansetzung eines neuen Gerichtstages, ihm wird „gedegedinget“.[7] Benachrichtigt hiervon wurde er durch seine zugegen gewesenen Freunde und Nachbarn. Soweit man sich damit

---

[1] Ri. 29 S. 191, 192: Oft en richtere umme recht gebeden wert, wo he dun scal. Vallen desse clagen buten den echten dingen, so lade de richter sine dingplichten mit sime tekene edder de scepen mit irme boden. . . .

[2] Vgl. Homeyer, Ri. 428 ff. Brunner, R.G. II S. 338 Anm. 38 u. dort Citirte.

[3] Die Handschrift Meiningen n. 51 hat statt „tekene“ „mit sime knechte“, vgl. Homeyer, Ri. S. 192 n. 5.

[4] Vgl. aber Schwsp. 93 S. 49: Ez mag dehein rihter ielich ding gebieten ane sine gebiutele, die daz ding ze rehte gibieten suln. Dsp. 82 S. 87.

[5] So wenigstens Planck I S. 339 ff.

[6] Vgl. Planck I 95, 343. Im übrigen erwähnt der Richtsteig mehrfach das Beboten des abwesenden Beklagten, ohne die Beschaffenheit des Boten näher zu bestimmen. Ri. c. 7 § 1, c. 33 § 3, c. 34 § 1, c. 43 § 3.

[7] Vgl. Planck, I 342.

nicht begnügen wollte, dürfte man sich zur Kündigung des ihm bestimmten Tages die Dienste des Fronboten nutzbar gemacht haben, der dabei auf Geheiß des Richters thätig ward. Wenigstens scheint Ssp. II 24 § 1,[1] wo von einer Vorladung „von gerichtes halven“ die Rede ist, eine Auslegung in diesem Sinne zuzulassen. Eine ausgiebige Verwendung des Büttels zum gerichtlichen Botendienst wird übrigens auch ohne genauere Nachrichten schon dadurch wahrscheinlich gemacht, daß die ihm entsprechenden Vollstreckungsbeamten der schwäbisch-fränkischen Gerichte sämtlich mit Ladungen jeder Art betraut waren.[2]

Polizeiliche Überwachung der Verhandlungen.

Dieser muß darum kommen, „daz er die leiit stille und heische sy vor und frone sy“; mit solchen Worten sucht die Glosse[3] zu Ssp. III 61 § 1 die Notwendigkeit der Dinganwesenheit des Fronboten zu motivieren. Mit den beiden ersten Ausdrücken berührt sie eine Hauptaufgabe, welche dem Büttel während der Sitzungen zufiel; mit dem dritten ist schon auf seine vollstreckende Thätigkeit übergegriffen. Dagegen ist ein weiterer wichtiger Grund, warum des Vollziehungsbeamten Gegenwart im Echteding von nöten war, nämlich seine Anteilnahme an gerichtlichen Beurkundungen, überhaupt nicht erwähnt.

Wir wenden uns zunächst dem ersten Punkte, den im gewissen Sinne organisatorischen Befugnissen des Fronboten zu und glauben nicht zu viel zu behaupten, wenn wir sagen, von einer treuen, geschickten Erfüllung seiner ihm in dieser Richtung obliegenden Pflichten habe nicht zum wenigsten eine glückliche Erledigung der Parteiangelegenheiten abgehangen. Denn nur die von ihm meist auf Geheiß des Richters geübte, ordnende[4] Überwachung, vermochte den ruhigen und gesetzmäßigen Gang der Verhandlungen zu sichern. Er erscheint uns dabei, vom Standpunkte heutiger Gesittung aus gesehen, fast wie eine Art höherer Polizeibeamter, der mit der Leitung wichtigster Sicherheitsdienste betraut ist.

Sogleich mit Eröffnung der Sitzung begann seine Thätigkeit, in-

---

[1] Ssp. II 24 § 1: ... man lade ine vore von gerichtes halven to sinen rechten degedingen ...

[2] Schwsp. 103 S. 53. Dsp. 93 S. 95. Vgl. Schröter, Abhandlungen II 78. Maurer, G.V. S. 138 u. § 142 S. 195ff. Rosenthal, Gwesen Baierns I S. 81. Zöpfl, R.G. III 353 b. Anm. 67: „ein rihter sol ein rihter sein und nit ein fronebotte“. Schulte, R.G. § 111 S. 361. Hillebrand, R.G. § 114 S. 410.

[3] Glosse zu Ssp. III 61 § 1. Othmer, Fol. 171. Niederdeutsch. bei Homeyer, Ssp. S. 357. Zobel, Fol. 406. Gärtner, 459.

[4] Schulte, R.G. S. 361.

dem er auf Anordnung des Richters allgemeines Stillschweigen gebot.[1] Eine Folge der ihm obliegenden Erzwingung der nötigen Ruhe ist dann darin zu erblicken, daß er auch das erhobene Gerüfte zu stillen hatte. Der Kläger hat zunächst in weiterer Entfernung die althergebrachten Worte geschrieen, wie: „to io dute over minen morder (edder wo de broke si), unde over des landes rechte morder".[2] Dies wurde darauf wiederholt, währenddessen der Schreier mit dem Leichnam des Ermordeten, beziehentlich dem gefangenen Friedbrecher, der Versammlung mählich näher kam. Nach dem dritten unmittelbar bei dem Gerichte abgegebenen Rufen wurde von dem Büttel endgültig Ruhe geboten,[3] und somit die Erhebung der eigentlichen Klage ermöglicht.

Seine Verpflichtung, vorzuheischen,[4] begann wohl damit, daß er die einzelnen Parteien zum Vortrag ihrer Sachen aufforderte.[5] Namentlich mochte ihm, ähnlich wie im Stadtrecht, die Feststellung der Abwesenheit des Beklagten obliegen. Dies geschah, indem an Stelle der alten Parteihandlung (Solsadierung[6]) nun durch ihn mehrmals mit lauter vernehmlicher Stimme[7] der Name des Weggebliebenen gerufen wurde.[8] Waren dagegen beide Teile erschienen, daß verhandelt werden konnte, so erwuchsen dem Fronboten bald neue Aufgaben, welche ihn sorgen ließen, daß die in Gang gekommenen Verhandlungen keine unerlaubten Stockungen und Verzögerungen erlitten. Es werden in dieser Hinsicht besonders zwei Punkte hervorgehoben.

Einmal hatte er die ungebührlich ausgedehnte „achte" *(deliberatio)*, zu der die Partei aus der Versammlung abgetreten war, unter Umständen zu kürzen.[9] Wenn nämlich das „Gespräch" nach der Meinung des Richters und der Urteiler genügende Zeit gedauert hatte,[10] ging

---

[1] Glosse Othmer, Fol. 171. Vgl. oben S. 40. Maurer, G.V. S. 138.

[2] Ri. c. 31 § 1 S. 196. Vgl. W. d. Alsfelder Vogteigerichts. Grimm, W. III 270.

[3] Wen he den (schuldigen Mann) heft in dat ding gebracht so stille se de vrone bode. Ri. c. 31 S. 196. Vgl. Homeyer, Ri. 420. Planck I S. 764.

[4] Über Heischen vgl. Haltaus, Glossar 871, 872.

[5] Schuler-Libloy, R.G. § 102 S. 154. Maurer, G.V. 138. Vgl. noch Rosenthal, Gwesen Baierns I S. 81.

[6] Vgl. Schröder, R.G. § 37 S. 363.

[7] Berlin. St.R. III § 10 S. 102: gebide he den vronenbode, dat he gebide den kleiger tu syner klage und den schuldigen tu antwerde. Dat sal di vronebode don und eischen so lude, dat man dat buten der bank wol hore.

[8] Vgl. Brunner, R.G. II 339. Planck I 345.

[9] Ssp. I 62 § 9: Beide klegere unde uppe den die klage gat die muten wol gespreke hebben umme iewelke rede dries, also lange wente se die vrone bode weder in lade. Genau ebenso im Stadtrecht. Vgl. Mgd. W. II § 62 S. 242. Mgd. W. 4 Art. 105 S. 305. M. Br. system. Schöffen-R. II 2 c. 52 S. 41. Ri. c. 3 Note 22 S. 99. [10] Planck, I S. 95; § 31 S. 217, 219.

der Fronbote auf die Beratenden zu und hieß sie zur Fortsetzung ihrer Anträge wieder nähertreten.

Ähnlich war es, wenn der Beklagte sich zur Kampfesrüstung weg begeben hatte.[1] Sofern dieser in dem Hause, wo er sich zum Streite wappnete, zu lange weilte, sandte der Richter den Büttel in Begleitung zweier Schöffen hin, um ihn herbeizuholen. Leistete er dann einer dritten derartigen „Ladung" nicht Folge, so war seine Sache endgültig verloren.[2]

Weitere Einzelheiten sind uns in sächsischen Quellen nicht überliefert. Aber aus dem Angeführten geht wohl hinlänglich hervor, daß der Fronbote in hervorragendem Maße die Aufgaben des Richters erleichtern half, daß er den um das Recht Wissenden bei der praktischen Verwirklichung desselben lebhaft unterstützte, indem er für einen regelrechten Gang der Verhandlungen sorgte.

Freilich darf neben der positiven Seite die negative nicht übersehen werden; denn zwei Obliegenheiten, welche sonst verschiedentlich von dem Vollstreckungsbeamten erledigt wurden, sind in Ostfalen von ihm ferngehalten. Das ist einmal das Umzählen der Dingpflichtigen, um ihre Anwesenheit festzustellen, womit der Bauermeister[3] beauftragt war, und dann vor allem die Beantwortung der Hegungsfragen, welche dem Schultheißen[4] vorbehalten blieb. Bei letzterer Erscheinung werden wir späterhin noch länger verweilen.

§ 5.

b) Der Fronbote als Urkundsperson.

Außerhalb der Dingversammlung.

Im nächsten wollen wir einen Blick auf diejenige Eigenschaft des Fronboten werfen, welche er zwar in erster Linie gleich den obengenannten vor Gericht bethätigte, die aber nebenbei in bestimmten Einzelfällen auch außerhalb der zur Rechtsprechung gehaltenen all-

---

[1] Ssp. I 63 § 5: Die klegere sal irst in den warf komen; of die andere to lange in irret, die richtere sal ine laten vore eschen den vronen boden in deme huse, dar he sik inne gerwet, unde sal tvene scepenen mede senden. Süs sal man ine laden to deme anderen unde to deme dridden male. Ganz ähnlich Distinctionen IV c. 22 d. 16 S. 228. M. Br. Schöffen-R. II 2 c. 63 S. 46. Dsp. 89 b S. 92. Schwsp. 79, IV S. 39. Vgl. Planck, I 58, II 186. Hauschild, G.V. 80.

[2] Vgl. Planck, I 793, 794, II 317.

[3] Ri. 1 § 3 S. 90 und anderseits Maurer, G.V. 139.

[4] Ssp. I 59 § 2, anderseits Dsp. 82 S. 87. Schwsp. 93 S. 49. Maurer, G.V. § 142 S. 195. Burchard, Ghegung S. 290 ff. Vgl. S. 26.

gemeinen Sitzungen von Wichtigkeit sein konnte. Es ist die Teilnahme des Büttels an den öffentlichen Beurkundungen. Im allgemeinen[1] wurde jedes Zeugnis des Gerichtes, mochte es sich um die seiner Wirksamkeit unterstellten Vorgänge des gehegten Dinges handeln oder um solche, die außerhalb desselben lagen und ihm erst bei späterer Entwickelung untergeordnet waren, durch den jeweiligen Richter und seine Urteilfinder abgelegt. Namentlich ersterer war für sein Zustandekommen nach Landrecht streng genommen ganz unentbehrlich. Da aber zeitweise Abwesenheit desselben sowie sonstige Verhinderung oft sich nicht vermeiden ließen, mußte man sich nach geeigneter Vertretung umsehen. Eine solche wurde durch das Zuziehen anderer Gerichtspersonen geschaffen, wobei dem Büttel mit die wichtigste Rolle zufiel.

Einer der Einzelfälle von denen Eikes Rechtsbuch[2] uns berichtet, war die Bekundung der „handhaften That". Bei ihr kam alles darauf an, dem Verletzten die Vorteile des zu ihrer Verfolgung eigentümlich gestalteten Rechtsganges zu sichern. Dies konnte nur geschehen, wenn es ihm gelang, zu verhindern, daß die Sache übernächtig[3] wurde, mit anderen Worten, wenn er auf der Stelle Klage zu erheben vermochte, und zwar sollte eine einfache Mitteilung[4] an den Richter genügen, der am folgenden Morgen in der Spruchversammlung dies zu bezeugen hatte. Ist dieser aber zufällig außerhalb seines Gerichtsbezirkes und somit Gefahr vorhanden, daß ein rechtzeitiges Klagen unmöglich werde, dann darf nach Landrecht an seiner statt das Geschehene dem Fronboten gemeldet werden,[5] ohne daß daraus dem durch die That Geschädigten irgend welche Nachteile erwachsen.

Die ganz gleichen Verhältnisse zeigen sich nach den Ausführungen der späteren Sachsenspiegelhandschriften gelegentlich der „Verfestung".[6]

---

[1] Vgl. Planck, II §§ 117—122 S. 157 ff.

[2] Ssp. I 70 § 3: Sve so umme ungerichte vor gerichte beklaget wirt mit deme gerüchte, er it overnachtich werde, mach die klegere dat ungerichte getügen selve sevede, man vervest jenen de't gedan hevet altohant. Is aver die richtere buten sime gerichte, alse dit geschit, so klage he't deme vronen boden in richteres stat. Hevet he dirre klage getüch des irsten dages, alse die richtere weder in sin gerichte kumt, man vervest jenen, als of de dat des selven dages geschin si. Vgl. Dsp. 93 S. 95. Schwsp. 108 S. 58.

[3] Vgl. Schröder, R.G. § 49 S. 547. Brunner, R.G. § 116 S. 481 ff.

[4] Vgl. Planck, I 778. [5] Vgl. Planck, I S. 57, 96, II 161, 185.

[6] Ssp. I 68 § 2: Sve aver den anderen mit knüppelen sleit, so dat ime die slege svellet, oder sve den anderen blutrunnich maket ane vleischwunde, klaget he dat deme richtere, oder dem vronen boden, oder dem burmeistere unde den buren, unde bewiset he dat in der verschen dat, unde ne kumt jene nicht vore binnen sinen rechten degedingen sik to untredene, oder to beterende

Bei dieser Art von Vorbann, die sich bei näherem Zusehen als ein an die Gesamtheit gerichteter Fahndungsbefehl und das Verbot jeglicher Unterstützung des Verfolgten darstellt,[1] konnten unter Umständen die zu ihrer Verhängung eigentlich notwendigen drei Gerichtstage wegfallen, wenn nämlich die Klage wegen schwerer Frevel auf frischer That erhoben wurde. Damit genannte Erleichterung nicht durch zufällige Verhinderung des Richters illusorisch werde, ist bestimmt, daß in diesem Falle mit gleicher Wirkung auch bei anderen Personen, vor allem dem Fronboten, die Bitte um Verfolgung angebracht werden dürfe.[2] Analog dazu gilt der Satz, daß bei der Ausziehung aus der Verfestung Fronbote wie Schultheiß zum Ersatz des Grafen einspringen dürfen. Ssp. III 18[3] erklärt, für den Fall sich der Beweis des betreffenden Vorgangs nicht mit dem Zeugnis des Richters erbringen lasse, könne man sich mit Fug und Recht ohne weiteres auf die Beurkundung vor den genannten Gerichtspersonen beziehen.[4]

In den geschilderten Beispielen kam es immer darauf an, daß der Büttel als solcher, d. h. als Mitglied des Landgerichts, die Thatsachen, um die es sich gerade handelte, wahrgenommen hatte, daß er in der Lage war, für die ordnungsgemäße Vornahme derselben sein Zeugnis abzulegen. Und diese Anteilnahme des Fronboten an den betreffenden Vorgängen war keine halb zufällige und wirkungslose. Ihr ward vielmehr die größte Bedeutsamkeit beigemessen, daß sie sogar im stande war, die sonst streng geforderte Bekundung durch den Richter überflüssig zu machen. Wenn einerseits das Landrecht niemals dazu kam, dem „vrone boden“ eine eigene Gerichtsbarkeit zuzubilligen, wenn es eine Vertretung des Grafen in Verkündung des Rechtsbefehls unter keinen Umständen gestattete,[5] so vermochte der Vollstreckungsbeamte

---

na rechte, man sal ine vervesten. Vgl. noch Ri. c. 33 § 10 S. 223, 224. Über die in I 68 § 2 genannten Wundungen vgl. neuerdings Arthur B. Schmidt, Medizinisches aus deutschen Rechtsquellen (in Festschrift für Prof. Dr. med. Bruno Schmidt) Jena (G. Fischer) 1896 S. 11 Anm. 2 u. passim.

[1] Vgl. Schröder, R.G. S. 174 Anm. 70 u. S. 332. [2] Vgl. Planck, II 185.

[3] Ssp. III 18: Sve vor gerichte seget, he hebbe sik ut der vestinge getogen, unde ne vulkumt he's nicht mit getüge mit deme richtere, oder mit dem scultheiten oder mit dem vronen boden in's richteres stat, unde mit tven mannen, die klegere ne darf nene vestinge mer up in getügen. Ähnlich Ri. 34 § 56 S. 232. Vgl. Batt u. Babo, Denkmäler Taf. XVI 10: Auf dem Bilde ist gezeigt, daß der Geächtete sich aus der Acht gezogen habe, indem er dies mit dem Fronboten und zwei Männern beschwört.

[4] Vgl. Planck, II 161.

[5] Vgl. Planck, I 96; auch Glosse zu I 70. Gärtner, Ssp. S. 161. Irriger Ansicht ist Maurer, G.V. 139 Anm. 30.

doch anderenteils bei gerichtlicher Beurkundung den Vorsitzenden des Echtedings vollkommen zu ersetzen.

Aber noch unter einem weiteren Gesichtspunkte lassen sich die eben geschilderten Bethätigungen des Büttels betrachten. Nicht nur, daß durch sie die Arbeit der Grafen entlastet, und den Parteien Bequemlichkeiten gewonnen wurden, sie waren auch, indem sie die Durchsetzung berechtigter Ansprüche erleichterten, einer gedeihlichen Rechtspflege im ganzen von mannigfachstem Nutzen. Die durch Mitwirkung der Vollstreckungsbeamten ermöglichte Kundmachung frevelnden Angriffs reiht sich nicht in der Art, wohl aber in der Wirkung ergänzend den übrigen Vorbereitungen an, welche von diesem zur Sicherung eines richtigen Austrages der verschiedenen Streitigkeiten getroffen wurden.

Während der Gerichtssitzungen.

In der Landgerichtsversammlung selbst tritt die Eigenschaft des Fronboten, als Urkundsperson zu dienen, noch bedeutsamer hervor. Außerhalb des gehegten Dinges waren es bestimmte, gewohnheitsrechtlich fest umgrenzte Fälle,[1] in welchen die Vorteile des Gerichtszeugnisses mit Hilfe des Fronboten gewonnen werden konnten. Hier dagegen giebt es kaum ein Ereignis, zu dessen Bekundung er nicht gelegentlich herangezogen werden könnte. Außerhalb waren es einzelne benannte Möglichkeiten, in denen der Gerichtsvollzieher als Ersatzmann einspringen durfte, in der Versammlung ist eine Vertretung des das Zeugnis weigernden oder nicht wissenden Richters ohne Einschränkung gestattet.

Der Richter des Mittelalters war der alleinige Träger der Gerichtsgewalt. Um einen Mißbrauch derselben thunlichst zu verhindern,[2] waren mancherlei Vorkehrungen getroffen. Unter anderen galt der in verschiedener Anwendung wiederkehrende Rechtssatz, gewisse Handlungen, zu denen man sonst seiner Mitwirkung bedurfte, sollten, wenn diese wider-

---

[1] Zur Ergänzung der schon im obigen angeführten Beispiele mag noch ein weiterer Fall dienen, von dem uns der Sachsenspiegel berichtet und bei welchem ebenfalls der Fronbote als Vertrauensmann für den ursprünglich benötigten Richter einspringen durfte. Es ist dies die Ausantwortung erblos gebliebenen Gutes an die Gerichtsgewalt; vgl. Ssp. I 28 und Dsp. 32a S. 53. Außerdem kennen die Abbildungen des Heidelberg. Cod. picturat. noch eine Vertretung des Richters durch den Fronboten, von welcher der Text der Handschriften nichts weiß. Ssp. III 20 § 2 erlaubt eine Pfändung an des richteres' orlof gegen den, welcher auf fremdem Felde pflügt. In der dazu gehörigen Illustration (Batt u. Babo, Denkmäler Taf. XVIII 2) ist aber der Mann, welcher sein Ohr bedeckt, d. h. nichts von der Pfändung wissen will, nicht als Richter, sondern als Büttel gekennzeichnet.

[2] Vgl. Planck, I 112ff.

rechtlich verweigert würde, auch ohne ihn in einer, den Umständen gemäß veränderten, Gestalt gültig vollzogen werden können. Hierzu gehörte die Beschaffung des Gerichtszeugnisses im technischen Sinne. Der Sachsenspiegel unterscheidet dabei zwei Arten. Einmal die Bekundung gegen und dann mit dem Richter. Wollte jemand eine Beschwerde[1] über den Grafen wegen Verletzung seiner Amtspflichten zur Sprache bringen und hatte die Sache einen ernsteren Charakter, dann konnte er den Schultheißen oder gleichwertig auch unseren Fronboten „to getüge hebben in des richteres stat over den richtere. Anderseits war es überhaupt jederzeit und in beliebiger Angelegenheit möglich mit den beiden eben genannten Beamten und den Schöffen volles Gerichtszeugnis[2] zu erbringen, das der Richter als solches verkündigen mußte, selbst wenn ihm die bekräftigte Thatsache unbekannt war. Weigeret die richtere getüch to wesene wider recht, jene is doch vulkomen an sime getüge. Also auch für den Fall, daß der Graf seinerseits die amtliche Bezeugung verweigerte, behielt die mit Unterstützung der übrigen Gerichtspersonen gewonnene Beurkundung ihre Geltung.[3]

Soweit schon wäre die hervorragende Beteiligung des Büttels an allen gerichtlichen Beurkundungen genügend gekennzeichnet. Aber noch umfassender war gerade auf diesem Gebiete seine Befugnis. Sein Wort[4] sollte of man's bedarf, so oft es nötig war, beim Gerichtszeugnis

---

[1] Ssp. II 22 § 1: Svat en man jegen den richtere getügen sal, dar to ne bedarf he des richteres getüges nicht, der ime de scüldegunge nicht hoger wen an sin gewedde ne gat; dat getücht he selve dridde der dingplichten, die dar ordel findet. Is aver die scult hogere, so mut he den scultheiten oder den vronen boden to getüge hebben in des richteres stat over den richtere. Beinahe wörtlich ebenso Berlin. Stadtb. III § 27 Abs. 7 S. 188; vgl. Dsp. 125 S. 108. Abbildung zu II 22 § 1 aus dem Heid. Cod. pict. bei Batt u. Babo, Denkmäler Taf. VII 6 u. Text Col. 14. Das Zeugnis gegen den Richter ist durch das Deuten des Fronboten auf ihn hin ausgedrückt.

[2] Ssp. II 22 § 2: Svar en man sines getüges vulkumt mit deme scultheiten, oder mit deme vronen boden, unde mit den scepenen, dar sal die richtere ok getüch sin von der warheit irs getüges, den he gehort hevet, al ne wiste he's er nicht. Weigeret die richtere getüch to wesene wider recht, jene is doch vulkomen an sime getüge. Ganz ähnlich Berlin. Stadtb. III § 27 Abs. 8 S. 88. Dsp. 126 S. 108. Ri. c. 34 § 6 S. 232 u. anderseits c. 42 § 4 S. 273. Illustration bei Batt u. Babo, Denkmäler Taf. VII 7.

[3] Vgl. noch Schröder, Schultheiß S. 4.

[4] Ssp. I 8 § 2: Des vronen boden getüch stat vor tvene man, of man's bedarf, dar man mit seven mannen getügen sal. Berlin. Stadtb. III § 10 S. 102. Schwsp. 11 S. 10: und swa man siben zegeziugen nimt vor gerihte, da sol man den rihter für zwene nemen und sinen boten alsam, vgl. auch Dsp. 15 S. 41. Weiter Grimm, R.A. 767. Heineccius, Elementa III 401. Kindlinger, M.B. II n. 63 S. 346. Soviel als 7 andere gilt der Büttel in d. Landfeste von Hattnegge Grimm, W. III 46, 21.

selbsiebent[1] gleich dem von zwei andern Männern gelten. Es war hier der Gedanke zum Durchbruch gekommen, man müsse, um die ursprüngliche Starrheit der Form zu mildern, mehr auf die Qualität als die Quantität der Schwörenden den Nachdruck legen. Daß man gerade dem Vollstreckungsbeamten eine erhöhte Glaubwürdigkeit beimessen wollte, kann uns bei der oben geschilderten angesehenen Amtsstellung,[2] welche er in Sachsen einnahm, nicht wunder nehmen.

Schließlich sei der Vollständigkeit halber noch ein Wort über die Form, in welcher der Fronbote vor Gericht Zeugnis ablegte, gesagt. Wie wir darüber unterrichtet[3] sind, hatte er dem Grafen die zu bekundende Behauptung feierlich nachzusprechen, unter gleichzeitiger Berufung auf den dem Könige (Ssp. III 56 § 1) beziehentlich dem Reiche (Ri. c. 34 § 7) geleisteten Eid.

Hiermit ist die aus den Rechtsbüchern gewonnene Kenntnis dieses Teiles der Pflichten des sächsischen Gerichtsvollziehers erschöpft. Die erhaltenen sonstigen Urkunden bestätigen das durch die berührten Aufzeichnungen geschaffene Bild vollkommen, indem aus ihnen ebenfalls die Wichtigkeit des Büttels für die Bekundung der vor Gericht geschehenen Vorgänge untrüglich hervorleuchtet. Sie ergänzen es aber ferner dahin, daß sie uns erzählen, der häufigste Fall, in welchem die dem Fronbotenamt innewohnende Kraft, Zeugnis abzulegen, praktisch geworden sei, habe sich bei den vor dem echten Ding stattfindenden Auflassungen von Eigen ergeben.

Stets geschah es unter des Gerichtsvollziehers Anteilnahme, daß der zur Bekräftigung der Veräußerung erbetene Königsbann verkündet wurde. Ständig kehrt in den Nachrichten hinter Worten wie etwa: *petens a nobis, ut factum suum — banno regio stabilire vellemus*[4] die fast stereotyp gewordene Formel wieder: *quod fecimus, astante,*[5] *assistente,*[6] *laudante*[7] *precone.*

Auch in den gewöhnlich am Schluß der Urkunden notierten Namenreihen derjenigen, welche in erster Linie zu Zeugen der vor-

---

[1] Über Zeugenzahl Planck, II 129ff.

[2] Gloss. I 8 § 2. Gärtner, S. 33. Vgl. Planck, II 139.

[3] Ri. 34 § 7 S. 232, 233: So vintme, des richters scole gan: N quam vor mi unde toch sic ut als he van rechte scolde, dat spreke ic bi des rikes hulden, odder dat mi god so helpe unde al sine hilgen, ofte he lichte deme rike nicht gehuldieget ne hebbe. Also de richter sprekt, also spreke ok de vronebode bi deme ede den he deme rike gesworen hebbe..... Vgl. noch Homeyer, Ri. 476. Planck, II 170.

[4] Vgl. U.B. d. Hochst. Halberst. I n. 512 S. 462.

[5] Z. B. U.B. d. Hochst. Halberst. I n. 512 S. 462, II n. 681 S. 16.

[6] Z. B. U.B. d. Hochst. Halberst. II n. 679 S. 15.

[7] Z. B. U.B. d. Hochst. Halberst. I n. 269 S. 233.

genommenen Immobiliarübertragungen gerufen werden, findet sich häufig die Bezeichnung des Büttel, nicht selten ist er sogar an besonders markanten Stellen angeführt.[1]

Schließlich war es mit der Verzichterklärung des Veräußerers, der Auflassung[2] (uplatinge) allein im Mittelalter nicht gethan. Regelmäßig folgte ihr noch die feierliche Besitzeinweisung des Erwerbers in Verbindung mit einer symbolischen Investitur. Hierbei durfte der Fronbote ganz gewiß nicht fehlen; im Gegenteil, gerade unter seiner Leitung scheint die *possessio* von statten gegangen zu sein. Ein besonders deutliches Beispiel sei zur Erläuterung hierher gesetzt. In einer Urkunde[3] vom 29. Januar 1221 bestätigt Baderich von Dornburg, Graf in Mühlingen, im Landgerichte unter Königsbann den Verkauf des Dorfes Tuple seitens Ottos von Glinde an das Kloster Marienthal. Der die Besitzeinweisung enthaltende Schlußsatz lautet: *Celebrata quoque est possessio ipsorum bonorum per preconem Heitthenricum necnon honestos viros* ....

Bei Akten, wie der letztgenannte, ist die Teilnahme des Büttels zweifacher Natur. Einmal ist es wie oben die bloße Beurkundung des Vorganges, zwecks deren er zugezogen wird, zugleich aber liegt in der Besitzeinweisung eine gewisse Exekution, die ihn, als Gerichtsvollzieher, zur Mitwirkung aufruft. Wir sind somit unbemerkt schon zu dem nächsten Abschnitt, der uns den Fronboten als Vollstreckungsbeamten zeigen wird, übergegangen.

§ 6.

c) Der Fronbote als Vollstreckungsbeamter.

Allgemeine Gesichtspunkte. Vorsorglicher Zwang.

Das ureigenste Feld der Thätigkeit des Fronboten ist die Vollziehung. Zur Übernahme der mit ihr verknüpften Pflichten ist das von ihm innegehabte Amt zunächst geschaffen. — Wir wissen, daß

---

[1] Beispielsweise citiere ich Cod. Anh. II n. 11 S. 10; n. 46 S. 41; n. 47 S. 41; Anh. I_3 n. 457 S. 404; I_2 n. 425 S. 312; U.B. d. Hochst. Halberst. I n. 367 S. 330; II n. 679 S. 15; II n. 681 S. 16. Vgl. noch die bei Haltaus, Glossar Col. 537 citierten Belege.

[2] Vgl. Schröder, R.G. S. 270, § 61 S. 688. Vgl. auch bei Loersch und Schröder, U. die im Reg. S. 262 unter 2 u. 3 citierten Belege.

[3] Cod. Anh. II n. 51 S. 43, 44. Andere Beispiele: U.B. d. Hochst. Halberst. II n. 785 S. 86 u. dazu Schröder, G.V. S. 21 Anm. 2. v. Zallinger, Schöffenbarfreie S. 88, 89. Außerdem U.B. d. Hochst. Halberst. II n. 681 S. 16 u. dazu Schröder, G.V. S. 20, sowie v. Zallinger, Schöffenbarfreie S. 66 Anm. 3. Letzerer freilich bestreitet wohl nicht mit Unrecht, daß hier von Investitur die Rede sei. Weiter Cod. Anh. II n. 220 S. 166, 167, abgedruckt bei Loersch u. Schröder, U. n. 133 S. 99.

die germanische Kulturentwickelung von der einfachen Friedloslegung des Schuldigen zur direkten und gewaltsamen Durchsetzung des vom Richter verkündeten Rechtsbefehles fortgeschritten war, damit auf diese Weise das Endziel jeglichen Gerichtsverfahrens, die Befriedigung begründeter Ansprüche in größerem Umfange erreicht werden könne. Es ist nun nicht unsere Absicht, eine Gesamtdarstellung der mittelalterlichen, beziehentlich sächsischen „Vollstreckung“ überhaupt zu versuchen. Wir werden uns vielmehr nur an ihre formelle Seite halten und uns bemühen, sie in soweit zu beleuchten, als im Gegensatze zur fränkischen Rechtsperiode, mit ihrer Ausführung ein bestimmtes und eigentümliches Organ, der Büttel, beauftragt ist.

Auf dem Übergange zum „Vollzuge“ im eigentlichen Sinne steht der vom Fronboten mehrfach geübte „vorsorgliche Zwang.“[1] In gewissem Sinne ließe sich dieser der Exekution schon zurechnen, da bei ihm zur Erzwingung einer Leistung oder Sicherheit dem Beklagten gegenüber Gewalt geübt, und dessen Wille durch physische Machtmittel gebeugt wird. Anderseits ist er aber doch insoweit noch nicht Vollstreckung, als mit seiner Hilfe ja kein endgültiger, sondern stets nur ein provisorischer, vorübergehender Zustand herbeigeführt werden kann. Während die gerichtliche „Vollziehung“ bloß gegen den Rechtsweigerer gewährt wird, tritt der vorsorgliche Zwang in Thätigkeit, wenn befürchtet werden muß, daß beim späteren Eintritt des Exekutionsverfahrens, dieses nicht mehr ausreichende Hilfe zu gewähren vermag, sofern nicht zu seiner Ermöglichung einstweilige Vorkehrungen getroffen werden.

Hierhin zu rechnen ist vielleicht schon die Möglichkeit den gefangenen Friedbrecher vor den Richter, beziehentlich den Büttel zu schleppen, um den Beweis handhafter That zu erbringen.[2] Neben dieser mehr passiven Betheiligung des Fronboten an der Sicherung eines Rechtsstreites kennt aber der Sachsenspiegel ein direkt aktives Eingreifen von seiner Seite. Sve nenen burgen hebben ne mach, dar he ok nen erve ne hevet, den sal de vrone gewalt behalden, of he um ungerichte klaget, oder die klage up ene gat.[3] Der nicht angesessene, gerichts-

---

[1] Über diesen PLANCK, II §§ 148—152 S. 331ff. [2] Vgl. oben S. 43.

[3] Ssp. I 61 § 1; bezüglich des „vrone gewalt“ ist die Lesart der Texte sehr verschieden; neben dem genannten Ausdruck kommen vor: bode, bode gewalt, in gewalt, bode mit gewalt, bode in sine gewalt etc. Daß überall des Fronboten Gewalt gemeint ist, kann nicht angezweifelt werden. Vgl. Dsp. 85 S. 89: Swer niht pürgen hat, den sol der vronpote behalten. Schwsp. 96 S. 50: Wen der vronebote behalten sol. Ri. c. 33 § 4 S. 218. Distinctionen IV c. 26 d. 10 S. 239.

fremde Schuldner wird verklagt. Wäre er Grundeigner im Gerichtsbezirke oder könnte er Bürgen für sein Erscheinen in der Verhandlung stellen, dann wäre für ein endliches Urteilserfüllungsgelöbnis, nötigenfalls zwangsweise Befriedigung, genügende Gewähr geleistet.[1] Da dies nicht der Fall ist, muß er sich eine einstweilige Inhaftierung durch den Fronboten bis zum Austrage der Sache gefallen lassen.[2] Nur bei belangloseren Zwistigkeiten soll von einer solchen abgesehen werden.

Kommen wir nun zur endgültigen Zwangsvollstreckung, um auch hier wieder den Umfang der Anteilnahme von seiten des Fronboten festzustellen. In der Urzeit hatte der Berechtigte selbst ausschließlich, später mehr und mehr eingeschränkt, Gewalt gegen den Schuldigen geübt. Er war darin nach merovingisch-fränkischer Verfassung allmählich von dem Richter abgelöst worden,[3] der besonders bei allen in Rücksicht auf die Person des Betroffenen oder die Unersetzlichkeit des anzugreifenden Gutes wichtigeren Maßregeln für den richtigen und gesetzmäßigen Strafvollzug die Verantwortung zu tragen hatte. Auf sächsischem Gebiete hatte die Entwickelung einen anderen Lauf genommen. Dort war die Selbsthilfe durch die Thätigkeit eines besonderen Beamten schon frühe überflüssig geworden. Der letztere stand bei dem ihm pflichtgemäß obliegenden Vollzuge durchaus unabhängig und selbständig da. Aber nur in der „Ausführung" war er ganz frei, die Initiative dagegen war ihm nicht anheimgegeben. Der Büttel mußte vielmehr in jedem einzelnen Falle zur Vornahme seiner Exekutionshandlungen erst „mit ordelen" gewonnen werden.

Dieser im Sachsenspiegel nicht selten[4] vorkommende Ausdruck wird mit besonderer Betonung bei den verschiedenen Arten[5] exekutiver Thätigkeit von seiten des Fronboten gebraucht. Er deutet an, daß dem Vollstreckungsbeamten nicht gestattet war, eigenmächtig oder auf privates Anrufen einer Partei vorzugehen, sondern daß er dazu erst „mit Fragen und Finden eines Urteils" berufen werden soll.[6] Ehe sich der Gegner der öffentlichen Gewalt fügen muß, soll ihm Gelegenheit gegeben werden, durch Anrufen der Schöffen die ihm drohende Benachteiligung ab-

---

[1] Vgl. Planck, II 367, 373.

[2] Vgl. Heineccius, Elementa § 174 S. 526, 527. Maurer, G.V. S. 247. Planck, II 359, 361, 377.

[3] Vgl. Planck, II § 131 S. 235 ff.

[4] Z. B. I 62 § 10, III 66 § 4, 81 § 1 u. s. w.

[5] Vgl. Ssp. I 53 § 3, II 41 § 1, III 56 § 2.

[6] Vgl. Homeyer, Ssp. S. 489: „mit ordelen" und Homeyer, Rbuch II_1 S. 601: „ordel". Haltaus, Glossar 2010. v. Meibom, Pfandrecht S. 129, 130. Planck, II 238, 250, 406 Anm. 6.

zuwenden und den Streit im ordentlichen gerichtlichen Verfahren zum Austrag zu bringen. Nur wenn er hier endgültig unterlegen ist, mag der Büttel seines Amtes walten. Durch diese weise Maßregel ist willkürlichem Mißbrauch der Macht wirksam vorgebeugt. Solange Richter und Vollstrecker in einer Person vereinigt sind, wie auch wenn das Vollzugsorgan auf eigene Faust handeln darf, ist vielfache Gelegenheit zu kaum vermeidbaren Ungerechtigkeiten gegeben. Indem das Sachsenrecht des Mittelalters einen im ganzen unabhängigen Exekutivbeamten schuf, der aber doch im Einzelfalle nur nach Spruch des Urteilerkollegs oder ausnahmsweise des vorsitzenden Richters seine Thätigkeit begann, hatte es für allseitige gerechte Befriedigung die beste Gewähr geleistet.

Bei der Einzelbetrachtung können wir eine große Scheidelinie festhalten. Wir haben da zunächst diejenigen Exekutionshandlungen, welche sich in erster Linie gegen das Vermögen des Schuldigen richten, das ist die Pfändung der Fahrhabe und die Fronung von Eigen. Ihnen gegenüber steht die Vollstreckung der wegen Ungerichts verhängten Leibes- und Lebensstrafen. Die beide Güterarten treffende Verfestung[1] darf an dieser Stelle füglich übergangen werden. Denn ganz abesehen davon, daß sie nur ein Provisorium schafft und entweder Todesurteil oder Freisprechung ihr zu folgen pflegt, nimmt auch der Büttel an ihrem Vollzuge[2] keinen hervorragenden Anteil. Dieser liegt ja vielmehr jedem Volksgenossen, welcher nachbarliche Hülfe und Friedensgemeinschaft versagt, ob.

Vermögensexekution.

Das Auftreten des Fronboten als Organ der Beschlagnahme von Mobilien war gerade für die sächsischen Lande von höchster Wichtigkeit. Denn im Gegensatz zu dem übrigen Deutschland ist ihnen die mit richterlicher Erlaubnis vorgenommene Selbstpfändung völlig unbekannt.[3] Karl der Große schon hatte in einem seiner Kapitulare[4] die eigenmächtige Pfändung ihnen schlechtweg verboten, und auch in den späteren Rechtsbüchern jener Gegenden wird ihrer nirgends Er-

[1] Für ihren Begriff verweise ich, abgesehen von den oben S. 44 Anm. 1 citierten Stellen, auf Brunner, R.G. I S. 173 Anm. 37. Planck, II S. 291 ff. Schröder, R.G. S. 547; 722, 732 ff.

[2] Dagegen wird er zur Beurkundung ihrer Voraussetzungen zugezogen, vgl. oben S. 44.

[3] Vgl. Brunner, R.G. II S. 451 Anm. 38. Planck, II 250 Anm. 1.

[4] Cap. de partibus Sax. c. 25 I (Boretius) 70: *de pignore, ut nullatenus alterum aliquis pignorare praesumat, et qui hoc fecerit, bannum persolvat.*

wähnung gethan. Vielleicht ist diese merkwürdige Erscheinung auf Rechnung des Büttels zu setzen, und dürfen wir nicht mit Unrecht vermuten, das Vorhandensein eines besonderen Vollstreckungsbeamten habe ein Thätigwerden des Verletzten frühe überflüssig erscheinen lassen. Gestützt würde diese Annahme noch durch die Erwägung, daß auch das westgotische Recht,[1] welches ein dem sächsischen Fronboten verwandtes Vollzugsorgan den „sagio" (sajo) besaß, ebenfalls seit alters nur eine gerichtliche Auspfändung kannte. Im übrigen Deutschland dagegen ist diese erst weit später[2] siegreich geblieben.

Der Sachsenspiegel belehrt uns betreffs der Angriffnahme von Fahrnis durch den Fronboten an zwei Stellen. In III 56 § 2[3] heißt es ganz allgemein: „So hevet die vrone bode gewalt, dat he panden .... mut iewelken man unde sin gut mit rechte, dar he mit ordelen to gegeven wert. Ssp. I 53 § 3[4] giebt dann einen ähnlichen, nur durch Hinzusetzung des Motivs der Pfändung erweiterten Satz, indem dort Verweigerung rechtzeitiger Zahlung von Buße und Gewedde als Grund der Beschlagnahme angeführt sind. Damit soll aber keine feste Umgrenzung geschaffen, sondern nur zwei Hauptfälle beispielsweise angeführt werden. Die durch den Büttel vollzogene Wegnahme von fahrender Habe aus dem Gewahrsam des Schuldners ist nach dem Sachsenspiegel vielmehr zwecks Befriedigung des Gläubigers für jede gerichtlich festgestellte Schuldforderung gestattet. Rücksicht auf den Schuldgrund[5] der letzteren wird nicht genommen.

Das durch den Fronboten eingeleitete Verfahren[6] zerfiel in zwei Teile, zunächst die Sicherstellung und sodann die Befriedigung der Forderung. Erstere begann mit der Wegnahme des Pfandes durch den Büttel. Einschränkungen bezüglich der Höhe der Objekte, welche

---

[1] Vgl. L. Wisig. V 6, 1 (Walter, C.J.G. S. 527). Brunner, R.G. II S. 451 Anm. 34. Schröder, R.G. § 37 S. 360 Anm. 71.

[2] Landfrieden Rudolph I. a. 1281 (Pertz, II 430) c. 47: „Swer den andern pfendet an fronboten, der ist fridbrech". Vgl. auch Zöpfl, Altertümer II 330.

[3] Ähnlich Ri. c. 43 § 8 S. 283.

[4] Ssp. I 53 § 3: Sve gewedde unde bute nicht ne gift to rechten dagen, de vrone bode sal en dar vore panden, unde sal it to hant utsetten oder verkopen vor de scult. Nicht ne mut ok de vrone bode panden, he ne werde mit ordelen dar to gewunnen. Berlin. Stadtb. III § 3 S. 108. Ri. c. 12 § 4 S. 127. Dsp. 73 S. 73 u. Schwsp. 81 S. 40, 41: Bei den zwei letztgenannten Rechtsbüchern ist nur im Gegensatz zum Ssp. eine Frist zur Aufbewahrung der Pfänder vorgeschrieben.

[5] Ssp. I 70 § 2, III 85 § 1, 87 § 4.

[6] Vgl. v. Meibom, Pfandrecht S. 71—97. Planck, II § 134 S. 250—253. Maurer, G.V. S. 243ff. Hauschild, G.V. S. 158 Anm. 7. Zöpfl, R.G. III S. 311. Brunner, R.G. II § 111 S. 452ff. Albrecht, Gewere S. 130.

der Beschlagnahme unterliegen, oder der Reihenfolge, die dabei beachtet werden solle, werden nicht erwähnt. Ebenso wenig finden sich Vorschriften, für den Ort, an dem die Handlung vorzunehmen war. Gehörige Besetzung des Gerichts[1] oder Anwesenheit des Gläubigers scheint zu EIKES Zeit nicht mehr gefordert worden zu sein, wenn auch Spuren, daß der Richter mit den Schöffen an der Angriffnahme sich beteiligt habe, noch in späteren Jahren[2] anzutreffen sind. Das gewonnene Pfand hatte der Fronbote sorglichst aufzubewahren und späterhin dann zwecks Befriedigung des Klägers zu veräußern (verkopen vor de scult Ssp. I 53 § 3),[3] ein Vorgang, den wir uns aber noch nicht in den Formen der späteren *„subhastatio“* denken dürfen.

Der Mobiliarexekution ist die Fronung,[4] die Beschlagnahme von Immobilien, nahe verwandt,[5] in einzelnen sächsischen Stadtrechten schließt sie sich gleich der ersteren sogar unmittelbar an den Ablauf der Zahlungsfristen an. Im Landrecht dagegen soll ihr erst stattgegeben werden, wenn die Schuld auf dem Wege der Pfändung nicht beizutreiben ist. Ssp. II 41 § 1.[6] „Svar die richtere sin gewedde nicht ut panden ne mach up enes mannes egene, dat also klene gilt, dat sal die vrone bode vronen mit eme crüce, dat he up dat dor steken sal na scepenen ordele“. Wenn also der Ertrag der Immobilien an Früchten und Zinsen die Höhe des fälligen Geweddes und sicherlich auch der Buße oder anderer festgestellter Forderungen[7] nicht erreichte, dann wurde der Fronbote zur Beschlagnahme des betreffenden Eigengutes berufen. Sie wurde noch in derselben symbolischen Weise, wie

[1] So in früherer Zeit vgl. v. MEIBOM, Pfandrecht S. 74 Anm. 137, S. 129.

[2] ZOBEL, Ssp. 521: „Von hülff und exekution den urteln nach“ .... so bescheide der Richter .... dem beklagten zur hülffe und gehe mit seinem Fronen und etlichen Schöppen in des beklagten gut und pfende allda den beklagten in etwas, das der schuldt ungefehrlich werdt ist.

[3] Unter Umständen auch utsetten, weiterverpfänden, für den Schuldner, jedenfalls der für diesen vorteilhafteste Weg, da ihm die Möglichkeit blieb, durch Einlösung wieder in den Besitz der Sache zu kommen. Vgl. v. MEIBOM, Pfandrecht S. 91, 92.

[4] Vgl. v. MEIBOM, Pfandrecht S. 97—126. PLANCK, II § 135 S. 253—258. HAUSCHILD, G.V. § 45 S. 162ff. MAURER, G.V. S. 139, 244. BRUNNER, R.G. II § 112. ALBRECHT, Gewere S. 45, 46. Über das Wort Fronung v. MEIBOM a. a. O. S. 103 Anm. 244.

[5] Vgl. v. MEIBOM, Pfandrecht S. 77 Anm. 143. Über Entstehung und Verhältnis der beiden Arten einer Vermögensexekution vgl. HEINRICH BRUNNER, Die Entstehung der Schwurgerichte, Berlin (Weidmann) 1872 S. 58. SOHM, Fränk. Verfassung S. 117ff. v. AMIRA, Recht S. 199. Für die sächsische Fronung speziell Capit. de part. Sax. c. 27 I (Boretius) 70 und dazu BRUNNER, R.G. II S. 460.

[6] Vgl. Dsp. 152 S. 113, Schwsp. 206 S. 98.

[7] Vgl. v. MEIBOM, Pfandrecht S. 106.

schon früher in karolingischer Zeit vollzogen. Speziell in Sachsen[1] bestand die formelle Handlung in Aufstecken eines Kreuzes, welches vermutlich unter Zuziehung von Zeugen durch den Fronboten oberhalb des Thores befestigt wurde. Dies geschah, um die dem Besitzer drohende gänzliche Entziehung zu veranschaulichen,[2] wenn er nicht binnen Jahr und Tag die Schuld zu lösen wußte. Denn darnach erst wurde das Recht an der Liegenschaft gänzlich verloren. Auf die Einzelheiten der verschiedenen Arten dieser eigentlichen Befriediguug einzugehen, scheint nicht notwendig, da über die Art der Anteilnahme des Büttels keine besonderen Nachrichten vorliegen.

Vollzug von peinlichen Strafen.

Wehrgeld, Buße, überhaupt jegliche Forderung, wurde, soweit es sich um Vermögen handelte, auf dem oben beschriebenen Wege unter Mithülfe des Fronboten eingetrieben. Dürfen wir annehmen, derselbe Beamte sei auch bei der gegen die Person des Schuldigen selbst gerichteten Exekution beteiligt gewesen?

Der Sachsenspiegel[3] kennt eine Art Schuldknechtschaft, während welcher der Verurteilte seinem Gläubiger ausgeliefert wird und von diesem in bestimmt vorgeschriebener Weise zur Arbeit angehalten werden darf.[4] Möglich, daß bei einer derartigen Überantwortung der Büttel mitwirkte, wenigstens läßt III 56 § 2 „So hevet he gewalt, dat he . . . bestedegen mut unde vronen jewelken man . . . diese Deutung wohl zu. Im Stadtrecht wurde dann überhaupt der Delinquent für die

---

[1] Ssp. II 41 § 1, Dsp. 152, Schwsp. 206. Bei Grupen, Altertümer c. IV S. 94 findet sich eine Abbildung des genannten Vorganges, die den Büttel gerade bei Aufstecken des Symbols vorführt. Ausführliche Beschreibung desselben s. Rigisch. R. S. 228, 229: . . schal nemen ein temelick holt, dre elen lank, ungeuerlick, dat schal he bauen van ander spalden, unde darauer dwer ynstecken, ein holdt einer elen lank, crützwis, unde solcker crütze dre, edder so vele em van nöden syn tho synen nodtrofft, unde steken de up de gebreke, darumme he de becrützinge erworuen . . . Vgl. noch Dreyer, Obs. 23 bei Spangenberg, Beiträge zu R.A. S. 36, 37. Grimm, 172, 173. Haltaus, Glossar 215. Ferdinand Walter, Das alte Wales, Bonn (A. Marcus) 1859, S. 427, 475.

[2] Die Glosse (Othmer, Ssp. Fol. 96 Col. 1, ganz ähnlich dann Glosse z. Wb. Art. 53 S. 372) führt aus, die Bekreuzigung geschehe zum Beweise, daß das Gewedde „gots" ist. In Wirklichkeit dürfte jedoch das genannte „Wahrzeichen des Königsbannes" nicht auf das christliche Kreuz, sondern auf die altgermanische Speerstange zurückzuführen sein. Vgl. Schröder, Marktkreuz bes. S. 130, Rolandssäulen S. 31.

[3] Ssp. III 39 §§ 1, 2.

[4] Vgl. Planck, II § 136 S. 258 ff. Für die ältere Zeit Waitz, Alt. Recht S. 178. v. Meibom, Pfandrecht S. 34.

Zeit seiner Haft meist in des Vollstreckungsbeamten Gewahrsam gegeben.

Wichtiger ist die Frage, wieweit der Vollzug von Leibes- und Lebensstrafen[1] dem Fronboten obgelegen habe, umsomehr, als die anderwärts[2] vorkommende Einrichtung, daß der siegende Kläger die erkannte Todesstrafe vollstreckte, ähnlich der privaten Auspfändung Eikes Rechtsbuch unbekannt ist. Interessant ist gerade dieser Punkt auch um deswillen, weil hier der wandelnde Ehrbegriff eine einflußreiche Rolle spielte.[3]

Achtvollzug und Hinrichtung entehrten in germanischer Zeit denjenigen nicht, der sie ausführte. Der Priester ist der älteste Henker urdeutschen Rechtes. Die Anschauung, daß der Scherge ehrlos und anrüchig sei, war damals vollständig fremd und ist erst später nicht ohne Einwirkung der Kirche entstanden. In der fränkischen Periode findet sich dann schon die Idee, daß die manuellen Dienste des Nachrichters eines freien Mannes unwert zu erachten seien. Die Grafen und Centenare mußten für diese Verrichtungen sich privatuntergebener Knechte bedienen. Aber auch da ist es noch nicht das einzelne Enthaupten oder Aufknüpfen, dessen man sich weigerte; solches haben die redlichsten Volksgenossen gelegentlich ohne Zögern übernommen. Aber das Töten von Menschen zeitlebens zum Berufe zu haben, gegen Entlöhnung sich mit diesem Amte abzugeben, dawider lehnte sich im Laufe der Jahrhunderte allmählich das Bewußtsein eigener Würde auf. Als dann im Gefolge des *Corpus Juris* der ganze Apparat eines komplizierten Kriminalverfahrens, die Tortur mit ihren verwickelten Künsten in Deutschland den Einzug hielt, da mußte man für diese Dinge erst recht einen schulmäßig ausgebildeten Verwalter suchen. Für einen derartigen Posten ließen sich aber nur Bewerber aus der Hefe des Volkes finden. Die Entwickelung hatte einen vorläufigen Abschluß gewonnen, der Hohepriester war in seinem Dienste durch den verachteten Paria ausgelöst worden.

In der Zeit des Sachsenspiegels sind wir soweit noch nicht gekommen. Damals hatte unser angesehener Fronbote sich noch mit Ausführung peinlicher Strafen zu befassen.[4] Dies erhellt einmal aus Ssp. III 56 § 3,[5] wo bestimmt ist, er sei berechtigt, den zehnten Mann

---

[1] Ssp. I 2 § 4. [2] Vgl. Maurer, G.V. 244. Grimm, R.A. 882.

[3] Über das Folgende vgl. Brunner, R.G. II 473ff., 607. Sohm, Fränkische Verfassung 533ff. Beneke, Unehrliche 162ff. Walter, R.G. § 761 S. 429.

[4] Vgl. Heineccius, Elementa § 274 S. 623. Walter, R.G. § 771 S. 429. Planck, II § 139 S. 266ff.

[5] Sin recht is ok die tegede man den man verdelen sal, dat he ine to losene du. Dsp. 300 S. 138, Schwsp. 126 S. 62.

von den Verurteilten loszugeben. Hiernach allein stünde, wenn auch nicht ein direktes Anfassen der Delinquenten, so doch wenigstens die Überwachung ihrer Hinrichtung von seiten des Büttels außer Frage.

Weiter haben wir aber noch eine Stelle (Ssp. III 55 § 2), welche sagt: „Over scepenbare vrie lüde, svenne se iren lif verwerken unde verdelet sin, ne mut neman richten wenne die echte vrone bode“. Daß hier „richten“[1] im Sinne von „ein Urteil vollziehen“ gebraucht ist, erweckt keinen Zweifel und man hat seither den Satz immer dahin gelesen, an Schöffenbarfreien dürfe das Todesurteil nur durch den Fronboten in eigener Person vollstreckt werden.[2] Nun hat sich aber durch von Zallingers Untersuchungen gezeigt, daß ein geschlossener Stand Schöffenbarfreier zu jener Zeit in Ostfalen nicht existierte, daß wir vielmehr in ihm ein Phantasiegebilde des Spieglers erblicken müssen. Was ist demnach von der uns vorliegenden Ausführung in III 55 zu halten? Ist es möglich, daß auch ihr, ähnlich wie Ssp. III 80 § 2, 81 § 1,[3] die reale Grundlage fehle und Eike in der Hebung, bezüglich Absonderung seiner Lieblingskinder so weit gegangen sei, daß er ihnen sogar einen eigenen Henker konstruierte?[4] Oder hat er sich etwa nur durch seinen „genialen Subjektivismus“ verleiten lassen, die gegebenen Verhältnisse etwas nach seiner Idee umzumodeln?

Wir sind entschieden der letzteren Ansicht. Denn ganz abgesehen davon, daß Eike von Repgau direkte Fälschungen noch nirgends nachgewiesen sind und aus psychologischen Gründen bei einem Manne von seiner die Mitwelt weit überragenden Geisteskraft nicht eben sehr naheliegend erscheinen, spricht für diese aus allgemeinen Gründen jede Wahrscheinlichkeit. Der sächsische Büttel war speziell für die Vollziehung geschaffen, er war unleugbar bei Vornahme der Vermögensexekutionen hervorragend thätig, er stand nicht minder mit Vollstreckung der Leibesstrafen im engsten Zusammenhange. Für Ssp. III 56 ist die einzig wahrhaft befriedigende Lösung die Annahme, die Ausführung der Exekutionen sei Sache des Fronboten gewesen. Andererseits ist aber nicht zu übersehen, daß dem sächsischen Vollstreckungsbeamten schon

[1] Glosse Othmer, Ssp. Fol. 165 Col. 3: Zum dritten heissen auch die richter die die gegeben urteil erfüllen als die fronbotten, von den spricht er hye .... Gärtner, Ssp. S. 445.

[2] Ich citiere beispielsweise Zöpfl, R.G. II S. 93, III S. 409 Anm. 88. Planck, II S. 237. Homeyer, Heimat S. 4.

[3] Vgl. v. Zallinger, Schöffenbarfreie S. 238 ff. Weiterhin Schröder, Kunde des Ssp. S. 63 Anm. 1.

[4] Zur Verfolgung dieses Gedankens hat mich mein verehrter Lehrer Prof. Arthur Schmidt angeregt.

im dreizehnten Jahrhundert niedere Knechte zur Seite standen,[1] denen er die weniger geachteten Hantierungen allmählich abtrat. Zu den letzteren mag aber immer mehr gerade die Vollstreckung der Leibesstrafen an gewöhnlichen Bauern, das Henken von fahrenden Leuten und gemeinem Pöbel gerechnet worden sein. Verbinden wir beide Thatsachen miteinander, so ergiebt sich für des Spieglers Zeit das einfache Resultat, daß der angesehene Bote nur die Mitglieder der besseren Stände, die nobiles, die Schöffenbaren, eigenhändig hinrichtete,[2] andere Delinquenten dagegen zum manuellen Vollzug seinen Helfershelfern überließ. Eine feste Grenze, gleichsam zwei Klassen von Hinrichtungen, eine bessere und eine minder geachtete, hat es dabei wohl ursprünglich kaum gegeben. Die Dinge mochten sich je nach dem Einzelfalle gestalten. Erst Eike hat dann aus naheliegenden Gründen seine These aufgestellt,[3] welche weder eine neue Wahrheit noch reine Erfindung enthielt, sondern nur die wirklichen Verhältnisse etwas nach seinem Belieben umgestalten sollte.

§ 7.

3. Rechte des Fronboten.

Äußere Abzeichen seiner Würde.

Den nicht geringen Pflichten des Fronboten standen zum Ausgleiche eine ganze Reihe von Vorteilen gegenüber, die für seine soziale wie materielle Stellung von gewichtigster Bedeutung waren.

Mit dem Äußerlichsten, der Frage einer Amtstracht, soll begonnen werden. Alle, die in Staat und Kirche des Mittelalters etwas zu bedeuten hatten, und nicht zum mindesten die Mitglieder der Gerichte,

---

[1] Vgl. oben S. 33ff.

[2] Damit stimmen die Illustrationen des Heid. Cod. pict. überein. Vgl. Batt u. Babo, Denkmäler Tafel XIV 5, XV 5. Dort wird die Strafe an Haut und Haaren, sowie das Hängen eines Juden durch Personen vollzogen, welcher der Maler durchaus als den niedersten Ständen angehörig bezeichnen will. Dies ist bei dem Scharfrichter, welcher am Friedbrecher die Enthauptung vollstreckt, nicht der Fall. Er ist den übrigen Freien gleich gebildet, und wenn er auch nicht die Symbole des Fronboten trägt, so widerspricht doch nichts in seinem allgemeinen Aussehen der Annahme, daß er mit diesem identisch sei. A. a. O. Taf. XV 4 u. 8. Über die Todesart der Enthauptung vgl. Ri. c. 35 § 7 S. 244; siehe auch noch Grupen, observationes 140, 141.

[3] Andere haben es ihm nachgeschrieben. Vgl. Dsp. 299 S. 138. Distinctionen VI c. 21 d. 3 S. 329. Dagegen z. B. Schwsp. 126 S. 62: Swer vor dem riche wirt verurteilet, uber den sol nieman rihten wan der rehte frone botte. Für Süddeutschland Rosenthal, Gwesen Baierns I S. 84.

trugen ihnen eigentümliche Abzeichen. Sollte der Büttel allein davon ausgeschlossen gewesen sein?

Über diesen Punkt ist im Sachsenspiegel zunächst ein negatives Merkmal gegeben. „Svert ne sal he nicht vüren noch neue were“ heißt es in III 56 § 2[1] und weiter dann ebenda: Wederstat man ime rechtes, mit deme gerüchte sal he dat lant dar to laden, unde bekome rechtes of he moge. Ne mach he's nicht bekomen, he klage't deme richtere. Waffen und Wehre sind ihm nicht verliehen; ohne äußerliche Rüstung mag er seine Amtshandlungen beginnen. Trifft er aber auf unberechtigten Widerstand, so darf er das „Land“ mit dem Gerüfte zum Beistand aufrufen, und kein Volksgenosse soll sich in diesem Falle der Hilfeleistung entziehen.[2] Führte auch dies nicht zum gewünschten Ziele, dann bleibt ihm noch das letzte Mittel, zu dem Richter zu eilen und diesem seine Not zu klagen, damit er ihm rechtens helfe. Er selbst darf zu Gewaltmaßregeln nicht greifen, namentlich die Führung des Schwertes, des Sinnbilds höchster Machtvollkommenheit bleibt ihm untersagt. Keineswegs um deswillen, weil etwa diese Auszeichnung mit seinen gerichtlichen Funktionen in Widerspruch gestanden hätte;[3] im Gegenteil, da das mittelalterliche Staatswesen allein zur Wahrung der Friedens- und Rechtsordnung sich berufen hielt, ist es neben dem Krieger stets der Richter, der mit dem Schwerte gegürtet erscheint. In den Illustrationen[4] zum Land- wie Lehnrecht erscheinen die *iudices*, die Fürsten und Herren fast immer mit dieser vornehmsten Waffe ausgerüstet. Es muß daher ein anderer Grund vorgelegen haben, daß man gerade den Fronboten von ihrem Gebrauche ausschloß.

Die Glosse[5] meint, das ist darumb, daz die fronboten in des konigs frid begriffen seind, daß also gleichsam der Büttel als heilige und unverletzliche Person ziemlicherweise keine Wehre bei seinen Amtsverrichtungen tragen dürfe.[6] Als ganz falsch ließe sich diese Erklärung nicht bezeichnen; für die oberflächliche Anschauung der Menge mag sie auch maßgebend und ausreichend gewesen sein. Für uns fragt sich nur,

---

[1] Vgl. auch Distinctionen VI c. 21 d. 5 S. 330. Dsp. 300 S. 138. Schwsp. 127 S. 62.

[2] Vgl. Brunner, R.G. II 228. Noch heute wählen in England, Norwegen etc. die Polizeisoldaten aus der Volksmenge sich Helfershelfer, welche ihnen bei der gerade notwendig gewordenen Amtsverrichtung beistehen müssen.

[3] Vgl. Brunner, Exemtionsrecht S. 1.

[4] Vgl Batt u. Babo, Denkmäler Tafel I—XIII u. Einleitung S. XXVII. Kopp, Bilder und Schriften I S. 88 ff.

[5] Othmer, Ssp. Fol. 166 Col. 2. Gärtner, Ssp. S. 447.

[6] Vgl. Maurer, G.V. S. 140. Aus diesem Grunde führen auch Pfaffen und Juden keine Wehr; Ssp. III 2, II 66; Batt u. Babo, Denkmäler Tafel XIV 4, XI 9.

ob diese eine Ursache die alleinige war, ob die Gewohnheit, daß man dem Büttel insbesondere das Tragen eines Schwertes untersagte, nicht noch anderen Motiven weniger theoretisch-mystischer, denn sozial-praktischer Natur entsprungen sei.

Der Vollstreckungsbeamte war das einzige niedrigerem Stande als die übrigen entsprossene Mitglied des Grafengerichts. Nicht aus den Reihen der nobiles, sondern aus der Klasse der Bauern ward er gekoren. Diesen war zwar die Freiheit geblieben, aber sie hatten sich der Pflicht des Heeresdienstes entzogen und damit die Waffenfähigkeit verloren. Sie wurden daher von den höheren Schichten der Bevölkerung nicht mehr für gleichberechtigt gehalten. Eine gewisse soziale Unterordnung mag auch in seiner neuen Amtsstellung dem Fronboten im Hinblick auf seine Herkunft den übrigen Mitgliedern des Gerichtes gegenüber bestanden haben. Man mochte demnach das Friedewirken gern zum Vorwand genommen haben, um ihm die Zulegung des Schwertes, des Symbols der Ritterlichkeit, auf schickliche Weise vorenthalten zu können. Außerdem mag vielleicht weise Vorsicht bei der Bestimmung, der Büttel solle seine Amtsverrichtungen ungerüstet erledigen, mitgespielt haben. Verhaftungen, Pfänden und Fronen erfreuten sich ohne Zweifel nirgends besonderer Beliebtheit. Nur allzu leicht konnte von einzelnen gegen eine derartige Handlung Widerspruch erhoben werden. War es da nicht zweckdienlicher, wenn der Vollstreckungsbeamte die Sache mit Hilfe der Nachbarn beizulegen trachtete, als wenn es ihm gestattet gewesen wäre, dieselbe einfach mit blanker Waffe zum Austrage zu bringen und so wo möglich eine größere Menge zum Widerstande anzureizen?

Ganz ohne „Wehr“ ist der Fronbote aber auch im sächsischen Quellenkreise nicht geblieben, nur daß dieselbe etwas eigentümlicher Art war. Die *codices picturati*,[1] der Heidelberger wie der Wolfenbüttler haben ihm nämlich ein Instrument in die Hand gegeben, welches nach Homeyer[2] eine Geißel vorstellen soll, seinem thatsächlichen Aussehen nach aber mehr einer Peitsche ähnelt. Sollen wir darin eine wirkliche Auszeichnung des Fronboten erblicken, die ihm im gewöhnlichen Leben bei seinen Amtsverrichtungen begleitete, oder haben wir es einfach mit einem Symbol zu thun, durch welches der Maler seine Figur zu charakterisieren trachtete? Letztere Annahme dürfte die richtige

---

[1] Batt u. Babo, Denkmäler Tafel VII 6, 7, XVI 10, XVII 2, XXIV 1, Farbentafel 16. Grupen, Altertümer 94. Über die Illustration zu Ssp. III 61 vgl. Homeyer, Ssp. S. 357 oben. Eine weitere Abbildung verzeichnet Homeyer, Ri. S. 15 oben.

[2] Homeyer, Ssp. 424. Es ist ein Instrument gleich dem des Fuhrmanns. Vgl. Batt u. Babo a. a. O. IX 4, X 1.

sein. Wie Graf und Schultheiß ihre Individualisierungsmerkmale haben, Abzeichen, welche ihnen durch den Bildner zugeteilt sind, in Wirklichkeit aber ihnen kaum zugehörten (vgl. Illustration zu Ssp. III 69[1]), so dient auch die Peitsche, welche im allgemeinen auf eine Exekutivthätigkeit hinweist, blos zur Kenntlichmachung des Büttels. Der Künstler, der sich seine unwandelbaren Typen geschaffen hatte, pflegt sie daher auch dem Vollstreckungsbeamten nur dann in die Hand zu legen, wenn er ihn dem „Worte“ nach als „Fronboten“ wiederzugeben hat, nicht aber, wenn dieser nur der Sache, dem Begriffe nach, zu der Illustration benötigt wurde, im Texte aber zufällig nicht genannt ist. Als Beispiele dienen die bildliche Wiedergabe von Ssp. III 7 § 2 und 9 § 2. Wir haben oben gesehen, daß der Büttel die Hinrichtungen, sofern es sich nicht um ganz geringe Persönlichkeiten handelte, eigenhändig vorzunehmen hatte. In den angeführten Sätzen ist nun beidesmal von Schuldigen die Rede, welche ihr Leben verwirkt haben. Der Maler bemühte sich in den zwei Fällen den Vollzug der Strafe getreulichst wiederzugeben, da aber in den ihm vorliegenden Sätzen nicht wörtlich gesagt ist, wer mit der Enthauptung betraut sei, sondern nur allgemein „man richtet“ oder „it gat ime an den hals“, so ließ er das Symbol, welches ihm das Wort „Fronbote“ veranschaulichte, weg und stellte den Scharfrichter in der gewöhnlichen Tracht der freien Leute dar.

Aus den Bilderhandschriften erhalten wir demnach keine sicheren Aufschlüsse über eine dem Fronboten verliehene Amtsdekoration. Wir sind somit auf anderweite Nachrichten angewiesen, die aber auch nur spärlich fließen. Verschiedentlich ist überliefert,[2] der Büttel habe einen Stab, neben dem Schwert gleichfalls ein Symbol rechtsprechender Gewalt,[3] in Händen gehalten. Daß diese Sitte den sächsischen Landen

---

[1] Batt u. Babo, Denkmäler Taf. XXVI 5. Kopp, Bilder u. Schriften I 122. Bestimmt ist hier, daß, wo man unter Königs Bann dingt, Richter und Schöffen keine Kopfbedeckung tragen sollen. Trotzdem sind Graf und Schultheiß mit bedecktem Haupte abgebildet. Dies um deswillen, weil namentlich letzterer ohne seinen spitzen Hut, mit dem ihn der Maler regelmäßig ausstattete, eben nicht kenntlich wäre. Dagegen sind die ihnen in Wirklichkeit zugehörigen Kopfbekleidungen den betreffenden Personen vor die Füße gelegt.

[2] Vgl. Grimm, R.A. 767, W. II (Hochwald) 93: der budell sull . . haben ein stab und flagein ahn die mauren und rufen . . . Vgl. noch Schröter, Abhandlungen II 77, welcher eine hierher gehörige Stelle aus dem Laienspiegel anführt.

[3] Vgl. Homeyer, Ri. S. 429. Haltaus, Glossar 1712 ff. Grimm, R.A. 761. Walter, R.G. § 653 S. 318. Nach Grimm, R.A. 767 war des Fronboten Stab länger als der des Richters.

ebenfalls nicht unbekannt war, erhellt aus dem Landrecht der sieben Freien,[1] indem gesagt wird: ein geschworen frohne soll so frei sein, dat hei sall dragen enen witten stok.“ Daraus läßt sich wohl entnehmen, daß auch in Ostfalen ein ähnlicher Gebrauch in Übung gewesen sei, selbst wenn wir ihn nicht durch direkte Quellenzeugnisse zu belegen vermögen.[2]

Gedenken wir noch mit einem Worte des allgemeinen Anzuges des Fronboten, wie er in den Quellen wiederkehrt, so ist zu bemerken, daß der Illustrator der Heidelberger Handschrift ihn zwar nicht mit dem langen grünen Gewande der vornehmen Herren[3] kleidete, anderseits aber durch Weglassen der Bänder um Schuhe und Füße, wie sie die Pfleghaften[4] und sonstigen Niedergeborenen haben, andeutete, daß er einer höheren Rangstufe als diese angehörte. Damit stimmt auch die feinere Bildung seiner Gesichtszüge überein. Am meisten ähnelt er in seiner äußeren Erscheinung[5] dem Schultheißen, da beide über gelben Beinkleidern einen hemdartigen, rot und grün gestreiften Überwurf tragen. Der einzige Unterschied[6] zwischen ihnen, abgesehen von den Individualisierungsmerkalen, zeigt sich darin, daß bei dem Schultheißen die getönten Querlinien je zweimal in derselben Farbe aufeinander folgen, während sie bei dem Büttel in einfacher Abwechselung sich aneinander reihen.[7]

Soziale Wertung des Fronboten. Steigerung seines strafrechtlichen Schutzes.

Horaz meint gelegentlich in einer seiner Satiren: *tanti, quantum habeas sis,* jeder gilt so viel er hat. Für das Mittelalter ließe sich dieser Satz auch umgekehrt anwenden; der einzelne wurde damals so hoch geschätzt, als man unter Umständen seinetwegen zahlen mußte. Wehrgeld und

---

[1] Grimm, W. III (Westfalen) 68.

[2] F. von Schulte sagt in einem Aufsatze: Nationalsünden (Eitelkeitspflege) in Fleischers Deutscher Revue, 21. Jahrgang, Märzheft 1896: „In alter Zeit blieb jeder bei seinem Namen, nur der Beamte hatte den dem Amte genau entsprechenden Titel. Abzeichen trug der Büttel, der Richter, Fürst u. s. w.“ Welcher Art diese Dekorationen waren, ist nicht angegeben.

[3] Batt u. Babo, Denkmäler Farbentafel 10, 11, auch 1, 2.

[4] A. a. O. 17, 14, 20, 22. Kopp, Bilder und Schriften I 64. Über die Trachten der Stände jener Zeit vgl. Friedrich Hottenroth, Handbuch der deutschen Tracht, Stuttgart (Gustav Weise) S. 222ff., 231.

[5] Batt u. Babo a. a. O. 15 u. 16 und die auf Col. 70 angegebenen Stellen. Kopp a. a. O. S. 127a.

[6] Dieser ist aber nicht einmal streng durchgeführt, vgl. Kopp a. a. O. S. 122.

[7] Für den westfäl. Freifronen ist noch bestimmt, daß er keinen Mantel tragen dürfe. Grimm, R.A. 764. Wigand, Femgericht S. 554 Art. XVI.

Buße bildeten den besten Gradmesser, an dem man den gesellschaftlichen und staatlichen Rang der Menschen erkennen konnte. Sie waren nicht nur nach dem Geburtsrechte,[1] sondern auch nach dem Geburtsstande[2] des Verletzten bestimmt. Gerade an ihnen läßt sich ersehen, wie sehr der Fronbote durch seine Beamtung in der sozialen Achtung gehoben ward. Nicht nur, daß er sich in seiner Gewandung von den früheren Standesgenossen unterschied, er war in seinen ganzen Verhältnissen über sie emporgewachsen. „Sin (des vronen boden) bute die is ok tvevalt, unde sin weregelt na siner bort, sint der tiet dat he to vronenboden gekoren wirt[3] (Ssp. I 8 § 2). Das oben geschilderte „vrede werken", war demnach für den Büttel nicht ein leeres Gepränge, es kam in wirksamster Weise in dem ihm durch Verdoppelung seines Wehrgeldes gewährten persönlichen Sonderfrieden[4] zum Ausdrucke. In der zwiefachen Ahndung jeder vom Amtsantritte an gegen ihn gerichteten Verletzung, mochte ihm ein besserer Schutz erwachsen, als Waffen und Wehr ihm je hätten geben können. Eine solche erhöhte Sicherheit muß, ganz abgesehen von der darin liegenden gesellschaftlichen Auszeichnung, für ihn namentlich bei Verrichtung peinlicher Strafen bedeutungsvoll gewesen sein. In späterer Zeit wenigstens, als der ganze Vollstreckungsdienst immer mehr in Mißachtung geriet, ward es oft zur Notwendigkeit, den Scharfrichter durch besondere Maßregeln vor Angriffen der Menge zu bewahren,[5] die namentlich Ungeschicklichkeiten bei Vollziehung von Todesstrafe an ihm aufs grausamste zu rächen suchte.

Abgesehen von der Höhe des Wehrgeldes und der Buße, giebt es noch ein Mittel, den Stand, die allgemeine Wertung einer Person, welche sie in der Anschauung des Mittelalters besaß, zu bestimmen. Wir meinen die Betrachtung ihrer Stellung in den Zeugenreihen der erhaltenen Urkunden.[6] Betreffs des Fronboten gewinnen wir freilich bei derartigen Untersuchungen nicht allzuviel, da der ihm zugewiesene

---

[1] Vgl. Brunner, R.G. I 261ff.

[2] Ssp. II 16 § 3: Jewelk man hevet bute na siner bord, he ne hebbe se verworcht. Vgl. noch II 16 § 8, III 45 § 2, III 73 § 1.

[3] Vgl. Berlin. Stadtb. III § 10 S. 102. Dsp. 15 S. 41: Und ist daz man vraevelt an dem richter oder an seinen poten, man ist im zwaier buzze schuldich der igleich man niht wan eine hat. Ganz ähnlich Schwsp. 11 S. 10. Vgl. Planck, I 94. Heineccius, Elementa III 401. Über sächsische Geldverhältnisse in jener Zeit Richthofen, L. Saxonum S. 29ff., 358ff.

[4] Vgl. Brunner, R.G. II 580.

[5] Vgl. z. B. peinliche Gerichtsordnung Karls V. Art. 96, 97. Benеke, Unehrliche S. 162ff.

[6] Über den Wert dieser Methode vgl. v. Zallinger, Schöffenbarfreie S. 29ff.

Rang nicht einheitlich festgehalten ist. Bald steht er am Ende der Laienzeugen oder wenigstens der Schöffen, bald kommt er direkt nach dem Schultheißen in der Aufzählung und dann ist er wieder einmal mitten unter die Urteilfinder geraten.[1] Eine feste Regel, an die man sich gehalten hätte, läßt sich nicht finden, doch darf aus seiner wechselnden Stellung geschlossen werden, er sei im allgemeinen etwa soviel als die *scabini* geachtet worden, da man sonst wohl vermieden hätte, ihn vor diesen zu nennen.[2]

Finanzielles Ergebnis seiner Stellung.

Neben allem bisher Genannten kamen für den Fronboten auch noch die rein finanziellen Ergebnisse seines Amtes in Betracht.

Im allgemeinen war die Rechtspflege des Mittelalters eine unentgeltliche.[3] Wer den Schutz seiner Interessen suchte, mußte für die zu gewährende Hülfe weder dem Richter und den Schöffen für die Kündung des Urteils, noch dem Fronboten für die Leitung der Exekution, das Pfänden und Fronen, irgendwie Gebühren zahlen. Gleichwohl galt schon in früher Zeit die Gerichtsgewalt als eine Quelle nicht unbeträchtlicher Einkünfte für die mit ihrer Übung betrauten Personen, und auch der Büztel wußte sich davon einen gewissen Anteil zu sichern. Zunächst sollte er von jeder Auflassung, der Übertragung von Eigen in feierlicher Landgerichtsversammlung, drei Schillinge erhalten.[4] „Svar man ok egen gift unde dar vrede over werct, dar sal he dre schillinge af hebben" (III 56 § 3).[5] Der durch die feierliche Form des Friedewirkens verstärkte Vorgang soll dem Gedächtnis der Gerichtspersonen nachdrücklichst empfohlen werden.[6] Zu diesem Zwecke und vielleicht nicht minder als Entgeld für die künftig verlangte Leistung des Zeugnisses wird einzelnen der Mitglieder des

---

[1] Vgl. die S. 21 Anm. 3ff., S. 48 Anm. 1ff. citierten Urkunden, außerdem U.B. d. Stadt Halberstadt I n. 79 S. 76.

[2] Es sei hier noch kurz einer Auszeichnung des Fronboten in seiner Titulatur gedacht, die ihm die Glosse verleiht; zumal sie eine passende Beleuchtung zu der Art, wie diese die *canones* (Stobbe, Rquellen I 378) verwertete, liefert. In der Erläuterung zu Ssp. I Art. 3 spricht sie gelegentlich der Heerschilde von der Ritterschaft. Diese zerlegt sie im Anschluß an das Proëmium der Just. Institutionen (principium) in eine „streitliche Ritterschaft" und eine „Ritterschaft des Rechtens". Zu letzterer werden dann mit Berufung auf Evangel. Johann. (c. 19 V. 23!) die Fronboten gerechnet. Vgl. Ssp. Othmer, Fol. 7 Col. 3. Zobel, 19. Gärtner, 22. Vgl. noch Zöpfl, R.G. II 128 Anm. 8a.

[3] Vgl. Planck, I § 24 S. 137ff. [4] Vgl. Planck, I 95.

[5] Vgl. Distinctionen VI c. 21 d. 7 S. 331. Dsp. 301 S. 138.

[6] Vgl. Planck, I 329, 330, II 176.

Dings eine Gebühr bezahlt. Während im städtischen Rechtsgebiete[1] die Schöffen dazu ausersehen sind, wird im Landrechte der Fronbote, der nicht nur bei der feierlichen Beurkundung, sondern auch der materiellen Besitzeinweisung eine bedeutsame Rolle spielte,[2] mit dieser Entlöhnung bedacht. Die ihm jedesmal zugeteilten drei Schillinge mögen in ihrer Summierung für ihn eine nicht unwichtige Einnahme gebildet haben.

Weiter heißt es dann von dem Vollstreckungsbeamten: „Unde svar en gut ervelos irstirft von manne oder von wive, dat ertstadelege korn is sin unde des mannes dagelike kleidere" (Ssp. III 56 § 3).[3] Daß dem Vollstreckungsbeamten ein Anteil an der Hinterlassenschaft erblos Verstorbener zugebilligt wurde, kann um so weniger wunder nehmen, als der Sachsenspiegel ausdrücklich berichtet, der Büttel sei bei der Ausantwortung derartiger Güter an die Gerichtsgewalt beteiligt gewesen.[4] Wohl möglich, daß man ihn für die bei dieser Verpflichtung aufgewandte Mühe schadlos zu halten suchte. Der Löwenanteil bleibt freilich dem König und den höheren Mitgliedern des Landgerichtes vorbehalten.[5] Ersterer nimmt die ganz großen Güterkomplexe, der Graf solche bis zu 30 und der Schultheiß die der Bauern bis zu 3 Hufen an sich.[6] Dem Büttel dagegen werden nur gewisse Stücke der fahrenden Habe überlassen. Er sollte des ohne Nachkommen verstorbenen Mannes alltägliche Kleider behalten dürfen. Es war dies durchaus keine beschämende, etwa einem Almosen vergleichbare Gabe, wie man vom heutigen Standpunkte aus vielleicht denken möchte. Sie stand vielmehr ganz im Einklange mit verwandten Rechtssätzen des Mittelalters, welche ebenfalls im Gebrauch gewesene Gegenstände[7] des Abgeschiedenen nach seinem Tode an ganz bestimmte Personen übertrugen. Außerdem soll der Fronbote aber noch eine andere Quote vom Gute unbeerbt Gebliebener erhalten und zwar in gleicher Weise vom Nachlasse des Mannes wie seiner Frau. Dieselbe

---

[1] So im Magdeb. Recht; vgl. Planck, I 329 und die dort citierten Stellen.

[2] Vgl. oben S. 48.

[3] Distinctionen VI c. 21 d. 6 S. 331. Dsp. 301 S. 138. Vgl. Planck, I 138.

[4] Ssp. I 28: Svat süsgedanes dinges ervelos irstirft, herwede oder erve oder rade, dat sal man antwerden dem richtere oder deme vronen boden, of he't eschet, na deme drittegesten.

[5] Ssp. III 80 § 1.

[6] Der Schwabenspiegel hat noch eine geringere Abstufung (Sydow, Erbrecht S. 297): Erbloses Eigen, das nur die Größe einer halben Hufe und darunter hat, fällt an den Fronboten. Schwsp. (Lahrscher Druck bei Senckenberg, II c. 286_2 S. 340): Stirbet eyn mann, des eyn halbe hub ist — und ist er frei, so ist sy des fronbotten. Bei Lassberg fehlt dieser Satz, vgl. 155 b S. 73.

[7] Z. B. Heergeräte des Mannes, die Gerade der Frau etc.

wird von dem Spiegler als das „ertstadelege korn"[1] bezeichnet. Es ist dies einer der am meisten bestrittenen Ausdrücke des ganzen Rechtsbuches, für den die verschiedensten Erklärungen gefunden wurden. Die einen glaubten darin das auf dem Erdgeschoß der Speicher[2] des Verstorbenen lagernde Getreide erblicken zu sollen; andere meinten, es sei in der Stelle von dem Saatkorn[3] die Rede. Die dritte Meinung endlich entschied sich dahin, die Bezeichnung nehme auf die jeweils auf dem Halme stehenden Früchte Bezug.[4] Letzterer Ansicht neigen wir uns zu, da sie am meisten logisch gerechtfertigt erscheint. Das im Felde stehende, nicht eingeheimste Korn bedarf noch der Arbeit und Ernte, während das schon in den Scheunen lagernde einer besonderen Sorgfalt nicht mehr bedarf. War nun der Bauer oder die Witschafterin gestorben, und standen Erben zur Übernahme der ledig gewordenen Obliegenheiten nicht bereit, so war Gefahr vorhanden, daß die im Freien befindliche Frucht, um die sich niemand kümmerte, dem Verderben preisgegeben ward. Es ist daher nicht unwahrscheinlich, daß man, um solcher Möglichkeit zu begegnen, ein für allemal bestimmte, der Vollstreckungsbeamte, welcher ja nach seiner Herkunft mit Feldarbeiten vertraut war, müsse sich der notwendig gewordenen Sorge für die reifenden Bodenerzeugnisse unterziehen. Zum Ausgleich für die übernommene Mühe mag man ihm dann das durch seine Thätigkeit gerettete Getreide überlassen haben.

Eine dritte Gerechtsame[5] des sächsischen Vollstreckungsbeamten war die bereits bei anderer Gelegenheit[6] erwähnte Befugnis, einen

---

[1] Siehe die Variantenlesarten bei HOMEYER, Ssp. S. 352 Anm. 23.

[2] ZOBEL, Ssp. Fol. 397 Col. 4: das getreyde das im stadel nechst der erden leit ungefehrlich von dreien beten. Ssp. lat. Übersetzung: *fructus in horreis pavimento viciniores.* ZOBEL, Fol. 397 Col. 2. GÄRTNER, Ssp. 447. Vgl. MECKBACH, Anmerkungen 811.

[3] Übersetzung bei GÄRTNER: das zur Aussaat hingelegte Korn S. 447, 446 Note 10, *nobis vox videtur composita ex* Erde *terra,* statten *vel,* bestatten *committere,* und legen, hinlegen *seponere, servare.*

[4] „Das steende getreyd", Übersetzung bei OTHMER, Ssp. Fol. 165 col. 4; Glosse dazu: steende getreid das ist das korn das auf dem velde steet von dreyen petten. OTHMER, Fol. 166 Col. 2. ZOBEL, Fol. 398 Col. 2. GÄRTNER, 448. Vgl. HALTAUS, Glossar: erdstatlich 388. SYDOW, Erbrecht 308, besonders Anm. 934. HEIMBACH, Lehrbuch des partikulären Privatrechts der zu dem O.A.G. zu Jena vereinigten Länder, Jena 1848, 1873, S. 312 Anm. 2. Weiter Glosse bei HOMEYER, Ssp. S. 352. SACHSSE, C. R., Sachsenspiegel od. sächs. Landrecht, Heidelberg (Winter) 1848, S. 271 u. 399.

[5] Ssp. III 56 § 3 abgedruckt oben S. 37 Anm. 3. Distinctionen VI c. 21 d. 8 S. 331. Dsp. 301 S. 138.

[6] Oben S. 37—39.

Mann aus jedem Dorfe vom Dingbesuche, und zwar von dem Zwange der Anwesenheit in echter Landgerichtsversammlung, zu befreien. Wenn uns auch direkt über Einzelheiten in der Übung dieses Rechtes nichts gesagt ist, dürfen wir doch mit aller Sicherheit annehmen, dem Fronboten sei aus seiner Verwertung mancher Schilling zugeflossen.[1] Sobald die zum Erscheinen im Echteding Berufenen ihrer Pflicht nicht genügten, mußten sie dem Richter „Gewedde“ zahlen. Der einzige Entschuldigungsgrund war „echte Not“. Aber abgesehen davon, daß diese nur in den selteneren Fällen vorlag,[2] galt es immer sie zu beweisen, was unter Umständen mit Schwierigkeiten verknüpft sein konnte.[3] Es mochte daher als große Erleichterung empfunden werden, daß man sich gelegentlich beim Fronboten dispensieren lassen durfte;[4] man wird sich um diese Vergünstigung aufs eifrigste beworben haben und war dabei ohne Zweifel gern bereit für ihre Erlangung einiges zu opfern. Kam man doch immer billiger und angenehmer weg, als wenn man ohne weiteres zur Versammlung nicht erschien.

Schließlich haben wir noch eines und zwar des merkwürdigsten Rechtes des Büttels zu gedenken. „Sin recht is ok die tegede man den man verdelen sal, dat he ine to losene du (Ssp. III 56 § 3).[5] Die zehnte Halslösung verurteilter Verbrecher ist ihm gestattet. So berichtet nicht nur der Sachsenspiegel,[6] auch in süddeutschen Rechtsbüchern ist die Erwähnung dieser Befugnis aufgenommen. Unserem heutigen Gefühle freilich will ein dem Vollstreckungsbeamten zustehendes Begnadigungsrecht eigentümlich und höchst unwahrscheinlich vorkommen.[7] Aber abgesehen davon, daß die übereinstimmenden Überlieferungen der Rechtsaufzeichnungen jener Zeit für das Bestehen einer derartigen Sitte sprechen, ist sie auch durch anderweite unverdächtige

---

[1] So auch PLANCK, I S. 95.

[2] SCHMIDT, Echte Not S. 19ff. [3] SCHMIDT, Echte Not S. 117ff.

[4] Ri. 1 § 3 S. 91: Dit mogen se untreden, oft se echt not erret, edder oft se mit des vronen boden willen tu hus gebleven sint, also bescheidenliken, deste he nen burmester ne si edder nicht beclaget ne were.

[5] Ebenso Distinctionen VI c. 21 d. 6 S. 331.

[6] Dsp. 301 S. 138. Schwsp. 126 S. 62: . . unde ist ir (Fronboten) reht, alse einer nün mannen oder wiben den lip genimet, so ist der zehende sin, den loese man von im, alse er statte an im vinde. Diz reht suln si haben in allem tüschen lande. RUPRECHT, Rb. c. 88 S. 106, 107. Vgl. ABEGG, C.C.C. S. 76.

[7] Daher die Ansicht v. DANIELS orig. sp. sax. S. 242. Der ursprüngliche Text des Schwsp. — nach seiner Meinung des ältesten Rechtsbuches — habe jene Gebühr nur dem Reichsfrohnboten oder Reichsmarschall gegeben, widerlegt durch HOMEYER, Stellung 91—93.

Zeugnisse bewiesen, daß jeder Zweifel an ihrem dereinstmaligen Vorhandensein schwinden muß. Es findet sich z. B. in dem Gedicht,[1] Helmbrecht von Wernher von Gartenäre, das zwischen den Jahren 1234—1250 entstand, eine Erzählung von zehn Raubrittern, welche gefangen und nach summarischem Verfahren zum Tode verurteilt werden. Betreffs der folgenden Exekution heißt es dann Vers 1679ff.:

„der scherge dô die niune hie
den einen er dô leben lie
(daz was sin zehende und sin reht);
der hiez Slintezgeu Helmbreht."

Einen anderen Beleg bietet der Straßburger Chronist Closener, der aus dem Jahre 1333 einen Fall berichtet, in dem der Nachrichter seinen „Zehnt" erhielt.[2] Der Gebrauch, dem Henker die Lösung einzelner Verbrecher zu gestatten, scheint demnach nicht einmal zu den besonderen Vorteilen des hochgestellten sächsischen Vollzugsorganes gehört, sondern als Recht den Vollstreckungsbeamten im gesamten Deutschland zugestanden zu haben.[3] Die Ledigung selbst stellte sich jedenfalls als eine Art Loskauf dar und soll, wie die Glosse[4] angiebt, schon vor der Verurteilung geschehen, damit der Schuldige desto teuerer sein Leben bezahle. Denn durch das einmal verhängte Verdikt, wäre er, trotz einer späteren Aufhebung, allezeit ehrlos geblieben. Ob man sich aber wirklich um diese theoretische Regel stets kümmerte und sie nicht etwa bloß auf dem Papiere stand, ist um so ungewisser, als uns Nachrichten erhalten sind, die sagen, wie gelegentlich der Büttel um sein Recht betrogen[5] ward oder vielleicht gar freiwillig von der Lösung Abstand nahm.[6]

---

[1] Vgl. Schröder, C.J.G. poeticum S. 303. Abegg, Art. 218 C.C.C. S. 78.

[2] Vgl. Osenbrüggen, Stafrecht S. 192. Vgl. noch eine analoge Anwendung des Grundsatzes aus dem Stadtrecht von Brixen anno 1380, abgedruckt bei Schröder, C.J.G. poeticum S. 303, 304.

[3] Vgl. Schröder, R.G. § 36 S. 331 Anm. 2. Osenbrüggen, Strafrecht 192. Abegg, Art. 218 C.C.C. S. 75.

[4] Ndsche. Glosse bei Homeyer, Ssp. S. 352: „man scal en geven, er he vordeilt wert, up dat man en deste dürer lose, wente geve man en, wen he vordeilt were, so were he rechtlos u. erlos. Mhdsch. Othmer, Fol. 166 Col. 2. Zobel, Ssp. Fol. 398 Col. 3. Gärtner, 447 mit weiteren Zusätzen.

[5] Vgl. Osenbrüggen, Strafrecht 193. Als bei der Hinrichtung der Besatzung von Greifensee 1444 Meister Peter 9 Mann enthauptet hatte, stellte er den 10. zur Seite, indem er das „Kaiserrecht" für sich geltend machte. Aber der Landammann brachte ihn zum Schweigen und bis zum Tode des 60. durfte keine Gnade walten. Vgl. noch die Kontroverse betreffs dieser Nachricht bei Daniels, orig. sp. sax. S. 242. Homeyer, Stellung S. 91ff.

[6] Im Helmbrecht macht der Scherge von seinem Recht nicht Gebrauch,

Eine Erklärung für das geschilderte Recht des Fronboten läßt sich wohl darin suchen, daß schon in ältester Zeit das Urteil oft schlechtweg auf Tod ohne Angabe der Art der Vollstreckung lautete und daß es dann Sache der Exekutivgewalt, des Richters, jüngsten Schöffen oder Henkers war, die Details der Vollziehung festzusetzen.[1] Dabei mag diesen allmählich auch zugebilligt worden sein, einzelnen[2] namentlich bei Massenhinrichtungen das Leben wiederzuschenken, so daß dann die Betreffenden mit einer Bußzahlung oder einfachen Verstümmelung davonkamen. Gekräftigt ward diese Sitte noch durch die aufkommende Tendenz im Wege der Gnade, Kapital- in Geldstrafen umzuwandeln.[3] Zur Zeit Eikes mochte sie sich zu einer dem Fronboten zugesicherten Befugnis,[4] einer für diesen wertvollen Einnahmequelle ausgebildet haben.

§ 8.

4. Sicherung gegen Amtsmissbrauch von seiten des Fronboten.

„Er verwirkt sein Leben wie ein anderer Mann.“
Des Königs „malder“.

Der Büttel „mag die leut ohne sünd wol peinigen und tödten. Ja er thut daran ein Gottes werck, das er den sünder umb seiner sünde willen straffet. Dann damit wird Gottes zorn versünet. Sihe nun wol zu du fronbot oder Scharfrichter, das du den namen mit der that habest und sey gerecht, dann du wirst heilig genant.“[5] Mit solchen, uns pathetisch klingenden Worten sucht die Glosse den Vollstreckungsbeamten zu ermahnen, er möge sich seines Namens, der verliehenen Würde wert erzeigen und die ihm aufgetragenen Pflichten, „ohne Zorn und Haß, allein aus Lieb des Rechten“ erfüllen. Neben diesem mehr idealen Antrieb sind aber auch noch reale Machtmittel

---

um ein Lösegeld zu erheben, sondern um einen Akt besonderer Rache an dem Verbrecher zu üben, dem er die Augen aussticht, eine Hand und einen Fuß abhaut. Vgl. Schröder, C.J.G. poeticum 304. Abegg, Art. 218 C.C.C. S. 78.

[1] Näheres darüber bei Brunner, R.G. I 175, II 474ff., 601. Schröder, R.G. § 36 S. 331, § 62 S. 726 Anm. 32. Siegel, R.G. 405.

[2] Daß gerade die Zahl 10 bevorzugt wurde, ist nicht auffällig. „Decimationen“ sind ja schon aus der Geschichte des römischen Rechts bekannt, wenn sie da auch gerade im entgegengesetzten Sinne als in unserem Falle wirksam werden. Vgl. Abegg, Art. C.C.C. S. 76 Anm. 34.

[3] Vgl. Homeyer, Informatio 642. Schröder, R.G. § 36 S. 332. Überweisung von Strafgeldern an den Richter, vgl. Planck, I S. 139.

[4] Vgl. Maurer, G.V. S. 139, 302.

[5] Glosse zu Ssp. III 56 Zobel, Fol. 398 Col. 2. Ähnlich Othmer, Ssp. Fol. 166 Col. 1. Gärtner, Ssp. 446.

gegeben, um den Fronboten im Kreise seiner Obliegenheiten festzubannen. Der ihm gewirkte Friede, die ihm mitgeteilte Fähigkeit anderen gegenüber, die strafende Gerechtigkeit zu versinnbildlichen, schützt ihn selbst nicht vor der Möglichkeit, bei Gesetzesübertretungen deren schmerzliche Folgen an eigener Person fühlen zu müssen.[1] „Dut aver he unrechte he mach sin lif unde sin gut verwerken als en ander man (Ssp. III 56 § 2).[2] Wie der gewöhnlichste Volksgenosse konnte er Leib und Leben verwirken, und namentlich der eigentliche Mißbrauch seiner Gewalten ward ohne Zweifel hart geahndet. War es ja schon im altfränkischen[3] Recht geübte Sitte, die Beamten durch Androhung schwerster Strafen zur peinlichsten Innehaltung ihrer Befugnisse anzuspornen.

Besonders merkwürdig ist die Bestimmung, welche der Sachsenspiegel für das „Gewedde" des Büttels trifft. Während dieses im allgemeinen in einer an die richterliche Gewalt zu zahlenden Summe besteht, wird vom Vollstreckungsbeamten gesagt: Svenne die vrone bode deme richtere geweddet, durch dat he ime an sime rechte versumt hebbe, so weddet he des koninges malder:[4] dat sin tvene unde drittich slege mit ener gronen ekenen gart, die tvier dum elne lang si (Ssp. II 16 § 4).[5] Durch 32 Schläge mit einer grünen eichenen Rute von bestimmter Länge soll das Vergehen an ihm gebüßt werden. Daß im späteren Stadtrecht der weniger geachtete Büttel diese Hiebe in der That ausgezahlt bekam, ist nicht zu bezweifeln. Fügt doch z. B. das Berliner Stadtbuch,[6] welches den Satz aus Eikes Werk übernommen hat, dem noch bei, der bodel solle die Versehen bei Vornahme von Ausstäupungen am eigenen Leibe fühlen. Die Frage bleibt nur, ob es schon zu den sächsischen Landgerichtsgebräuchen des zwölften und dreizehnten Jahrhunderts gehörte, an dem Fronboten eine Prügelstrafe zu vollziehen? Dieser Ansicht scheint die Glosse zu sein, da sie in

---

[1] Vgl. Distinctionen 6 c. 21 d. 4 S. 330. Dsp. 300 S. 138.

[2] Das ist darumb sint kein ampte noch erberkeit erlaubt ubel zu thun. Othmer, Ssp. Fol. 166 Col. 1. Gärtner, Ssp. 447.

[3] Lex Salica 51, 2; 78, 7. Von Capitularien namentlich Pactus Childeb. I et Cloth I c. 18 Cap. (Boretius) I 7. Cloth II ed. c. 24 Cap. I (Boretius) 23. Vgl. noch Lehmann, Rechtsschutz S. 55 ff. Weber, Centenar S. 63 Anm. 7. Siegel, G.V. S. 251. Brunner, R.G. II S. 78.

[4] Über das Wort vgl. Richthofen, W.B. 1129. Müller u. Zarncke, III S. 775. Über den Begriff vgl. Homeyer, Ssp. Reg. S. 432. Planck, I 139 ff.

[5] Vgl. Dsp. 115 S. 106. Schwsp. 175 S. 85: „drizeg slege".

[6] Berlin. Stadtb. III § 27 S. 153: Ok sal die bodel, wenn he ymande tu kake sleit, nicht er uphoren, die heren heitent dan em muntliken uphoren. Sluge he darboven, so mengen slach sal man em weder slan, alse he boven der heren bod sleit.

ihren Erläuterungen ausführt: „Das ist darumb, das sy nicht vil geltes haben. Wenn sy denn yr bruche mit gelt nicht gebessern kunden, darumb mussen sy mit dem leib bussen.[1]

Nach Planck[2] dagegen war dies nicht die Regel. Wie er meint, haben wir es hier mit einem jener Fälle[3] zu thun, in welchen das Gewedde um deswillen auf eine Leibesstrafe festgesetzt war, damit der Schuldige sich um seine Umwandlung bemühe, wobei er dann ein Lösegeld zahlen mußte, welches sich jeweils nach Übereinkunft bestimmte, meist aber den sonst gesetzlich festgelegten Betrag überstieg. Zur Verteidigung dieser Ansicht ließe sich unseres Erachtens nach beibringen, daß der Vollstreckungsbeamte in erster Linie berufen war, bei Ausübung seiner Funktionen den Richter zu unterstützen, und daß man deshalb an ihm eine Pflichtversäumnis oder Nachlässigkeit mit Fug und Recht höher ahnden konnte, als an den gewöhnlichen Dinggenossen.

Meckbach[4] hat die gewagte Erklärung: von einem Schlagen des Büttels als eines freien Mannes könne keine Rede sein. Die Stelle habe vielmehr den Sinn, daß er so viel Maß Getreide zur Strafe geben müsse, so viel man mit 30 Schlägen aus dem Garben ausdreschen konnte. „Denn maldra[5] hat bey denen Altteutschen ein Maaß bedeutet, damit sie Wein, Getraidig und anders mehr gemessen."

Welches nun auch der innere Grund der eigentümlichen Bestimmung gewesen sein mag, unter allen Umständen glauben wir daran festhalten zu sollen, daß an dem sächsischen Fronboten eine Leibesstrafe kaum jemals in Wirklichkeit vollzogen wurde. Ganz abgesehen davon, daß er als Besitzer freien Eigengutes in der Lage war, eine Geldsumme, wie jeder andere zu erlegen, ist nicht abzusehen, warum man gerade ihm in seiner Beamtenstellung einen Schimpf[6] wegen geringer Verfehlungen hätte anthun sollen. Wie wäre es ihm möglich gewesen, nach einer öffentlichen Auspeitschung seine Obliegenheiten, die polizeiliche Überwachung der Dingversammlung und die Verwirklichung des Rechtsbefehles, mit sicherer Würde vorzunehmen!

---

[1] Othmer, Ssp. Fol. 75 Col. 2. Zobel, Ssp. Fol. 206 Col. 3. Gärtner, Ssp. S. 205. Vgl. Grimm, R.A. 767.

[2] Planck, I S. 96, 139 Anm. 14. [3] Ebenso in Ssp. I 59 § 1.

[4] Meckbach, Anmerkungen 403.

[5] Vgl. Müller u. Zarncke, W.B. II 1 S. 29. Malder = ein Maß, und zwar nicht eigentlich ein als Einheit vorhandenes, sondern eine gewisse Zahl; über die Anzahl der Einheiten wird geschwankt, 30, 32, 64 kommen vor. Weiterhin bedeutet das Wort ein größeres Getreidemaß, vielleicht soviel wie auf einmal zum Mahlen hingegeben wird. Vgl. Du Change u. d. W.

[6] Brunner, R.G. II 607.

Zweiter Teil.

Abweichende Sonderbildungen.

§ 9.

I. Der Fronbote Westfalens.

EIKE VON REPGAU hat seinem Werke den Titel „Spigel der Saxen"[1] gegeben, in der Meinung, es sei ihm gelungen, durch dasselbe gemeines Sachsenrecht zur Darstellung zu bringen. Dies Ziel hat er jedoch nicht ganz erreicht. Da er das Recht seiner engeren ostfälischen Heimat[2] mit dem der übrigen Sachsenlande in Übereinstimmung glaubte, sind ihm vielfache Abweichungen, insbesondere der westfälischen Gaue, vollständig entgangen.[3] Kein Wunder daher, wenn sich zwischen seinen Ausführungen und den anderweit erhaltenen Nachrichten mannigfache Widersprüche ergeben.

Betreffs des Fronboten haben sich für die östlichen Gegenden die Überlieferungen der Urkunden mit den Ausführungen des Spieglers in vollständigem Einklang gefunden. Ein harmonisches Bild von dem Wesen und den Funktionen des Vollzugsorganes ist vor uns entstanden. Es ohne weiteres nach Westfalen zu übertragen ist nicht angängig. Vielmehr müssen, um den dortigen Verhältnissen gerecht zu werden einige nicht unwichtige Änderungen an ihm vorgenommen werden.

Der Fronbote oder, wie er meist genannt wird, der Freifrone[4] gehörte in Westfalen gleichwie sein Kollege im Osten zur Besetzung[5]

---

[1] *praefatio rhythmika vers* 178ff. HOMEYER, Ssp. 131.

[2] Früher war auch die Ansicht vertreten, der Ssp. stelle einzig westfälisches Recht dar, vgl. z. B. GAUPP, Sachsenrecht S. 70. Femgerichte 41.

[3] Vgl. SCHRÖDER, R.G. § 54 d. 638.

[4] *freye frone* das ist der *freypotte* vgl. *Scitum Frigraviorum anno* 1405 bei SENCKENBERG, I 2 S. 73.

[5] Vgl. GAUPP, Femgerichte S. 34. WIGAND, Femgerichte S. 355. SCHRÖDER, R.G. § 49 S. 565. Der Freifrone hat der Versammlung stehend beizuwohnen. SENCKENBERG I 2 S. 107 unten.

der gräflichen Landgerichte und der aus ihnen hervorgegangenen[1] Freigerichte. Er war ein wesentliches Mitglied dieser Versammlungen und hatte dabei in der Hauptsache dieselben Aufgaben,[2] welche ihm auch sonst im Gebiete der *terra Saxonica* zugeteilt waren. So hatte er, um nur ein Beispiel zu erwähnen, jederzeit den Rechtsakten über Gut und Eigen[3] als Urkundsperson beizuwohnen und trug nicht minder wie der ostfälische Büttel für diese seine Bemühungen eine kleine Abgabe davon.[4] Er war als Beamter in Eid[5] und Pflicht genommen und mußte vermöge seiner Stellung dieselben Eigenschaften haben, wie die Freischöffen.[6] Ja in dieser Hinsicht ist er sogar dem Fronboten des Sachsenspiegels überlegen. Dorten gehörten die Urteiler der vornehmen, geschlossenen Kaste der „*nobiles*" zu, er selbst dagegen ward aus dem mindergeachteten Stande der Pfleghaften genommen. Demnach mußte vor seiner Amtseinführung eine gewisse Kluft zwischen ihm und seinen späteren Genossen bestanden haben. Bei dem eigentümlich demokratischen Charakter[7] der westfälischen und engerischen Land- oder Freigerichte war dies ganz und gar nicht der Fall. Da sich hier keine Erblichkeit der Schöffenstühle[8] ausgebildet hatte, und eine die Volksgenossen von sich fernhaltende Aristokratie nicht eigentlich existierte, konnte er als freier Mann und Erbeingesessener[9] jedem der Urteilfinder würdig an die Seite treten.

Mehr als das, in gewissem Sinne hat er den ersten Rang unter diesen behauptet, und darin zeigt sich gerade der Hauptunterschied zwischen ihm und dem von uns früher geschilderten Typus. In

---

[1] Vgl. Schröder, R.G. § 49 S. 563. Lindner, Veme S. 538ff.

[2] Vgl. Wigand, Femgerichte a. a. O. Betreffs Vornahme der Ladungen durch Freifronen, vgl. ibidem S. 366 Anm. 6. Tross, Urkunden S. 33. Über Verwendung zu Botendiensten, vgl. Lindner, Veme z. B. S. 527. Wächter, Beiträge S. 152. Über die Zahl der Freifronen in Westfalen vgl. Gaupp, Femgerichte S. 50. Seibertz, Westfalen III 658.

[3] Vgl. Lindner, Veme S. 372.

[4] „*Dedimus comiti jus suum et bedello suum*" heißt es um 1250 gelegentlich eines Gerichtes des Herrn Rainhard von Itter. Vgl. Lindner, Veme S. 613. Über sonstige Abgaben und Einnahmen vgl. ibidem S. 504, 613, 615, 616.

[5] Eine westfälische Besonderheit ist auch die vom Freifronen wie den anderen Mitgliedern der Femgerichte unter Umständen geforderte Huldigung an einen neuen Stuhlherren. Darüber z. B. Lindner, Veme 396.

[6] Er wird nicht selten den Freischöffen völlig gleichgestellt. Vgl. z. B. Haltaus, Glossar 504. Das konnte um so eher geschehen, als in Westfalen die Freischöffen oft selbst vollstrecken mußten. Vgl. Wigand, Femgerichte 450. Lindner, Veme 535, 568.

[7] Vgl. Schröder, G.V. 51ff. 54.

[8] Über die westfäl. Schöffen vgl. Lindner, Veme 391—402.

[9] Vgl. Wigand, Femgerichte 355.

Ostfalen hatte der Schultheiß, der Vertreter der edelen einheimischen Geschlechter,[1] als erster und vornehmster Rechtsprecher zu fungieren. Er hatte die bedeutungsvollen Hegungsfragen, die im Gegensatz zu den übrigen Entscheidungen durch den Vorsitzenden an einen im voraus bestimmten Urteilfinder zu richten waren, als vom Sachsenspiegel eigens dazu ausersehene Persönlichkeit zu beantworten.[2] In den Femgerichten ward er bei diesen Aufgaben durch den Freifronen ersetzt. Das Vollzugsorgan hatte daselbst nicht nur eine ordnende und überwachende Thätigkeit während der Sitzungen zu entfalten, sondern auch die Versammlung als solche zu repräsentieren,[3] dem Richter bei der feierlichen Dinghegung die nötigen Antworten zu bieten. Daran kann nach den erhaltenen urkundlichen Zeugnissen nicht der mindeste Zweifel sein. Gewähren ja die sogenannten „Femrechtsbücher“[4] gerade in dieser Richtung die ergiebigste Auskunft.[5]

Der Fronbote stellt fest, ob es wohl am Tage und an der Zeit sei, „in statt und in stul unsers allergnedigsten Herrn des Römischen keysers oder künigs“ ein „heilig“ Ding zu hegen. Er bestätigt, daß die Versammlung gehörig angesagt ist und die zu ihrer Abhaltung notwendigen Personen am Platze erschienen sind. Er kündet weiter die Gebote, welche das Fernhalten unerlaubter störender Handlungen und das Einhalten bestimmter prozessualer Formen betreffen. Ja man darf vielleicht sagen, daß ihm eine rein abstrakte Rechtsbelehrung unter Umständen obgelegen habe, indem er auf Befragen über Sätze des materiellen Rechtes Auskunft weiß.[6] Von der Buße für des „Gerichts Frevell“ und vom „Fembruch“, was für Sachen der Freigraf zu richten pflegte und wie man den „Wissenden“, der „die Heimlich-

---

[1] Vgl. Ssp. III 61 § 2. Schröder, Schultheiß S. 9. Burchard, Gerichtshegung S. 285. Homeyer, Ri. 435.

[2] Vgl. Burchard, Gerichtshegung 286, 287.

[3] Vgl. Wigand, Femgerichte 365.

[4] Für die Femrechtsquellen im allgemeinen vgl. Lindner, Veme S. 199—303. Heinrich Duncker, Kritische Besprechung der wichtigsten Quellen zur Geschichte der westfälischen Femgerichte in Zeitschrift der Sarignystiftung. German. Abteilung Bd. V. S. 116—191.

[5] Über die Teilnahme des Fronboten an der Gerichtshegung vgl. die im wesentlichen inhaltlich übereinstimmenden urkundlichen Belege bei: Wigand, Femgerichte S. 551 ff.; 365 Anm. 6. Lindner, Veme S. 249 ff. Tross, Urkunden S. 28 ff. *Leges et consuetudines J. Westphal. Tremoniensis* bei Senckenberg, I 2 S. 88 ff. Von Litteratur vgl. beispielsweise Schröder, Schultheiß S. 9; Walter, R.G. II S. 295 Anm. 3. Seibertz, R.G. Westfalens III 658. Burchard, Ghegung S. 288.

[6] Siehe die a. a. O. Citierten, besonders Senckenberg, a. a. O. S. 89 ff. Tross, Urkunden S. 30, 33, 34, 37—39, 43. Vgl. noch Wächter, Beiträge S. 185.

keit offenbaret", strafen solle, hat er nach Gelegenheit zu berichten. Ganz ebenso hat der Frone bei einer Reihe anderer ähnlicher Fragen, die wir nur im einzelnen nicht alle anführen können, die Menge der Dinggenossen dem Vorsitzenden der Versammlung gegenüber zu vertreten.

Suchen wir nach einer Erklärung für diese im Verhältnis zum Büttel von EIKES Rechtsbuch weit ausgedehnte Kompetenz des westfälichen Vollzugsorganes! Wie kommt es, daß ihm hier Pflichten zugeteilt waren, welche nach dem Sachsenspiegel eine ganz andere Persönlichkeit übernommen hatte? Die Lösung der letzten Frage ist darin gegeben, daß ein Schultheißentum, wie das von EIKE geschilderte, jenseits der Weser nicht vorhanden war und nur in den ostfälischen Grafschaften längs der Elbe und Saale vorkam.[1] Die „Schulten" (*villici*), welche sich vereinzelt in Städten und bäuerlichen Gemeinden auf roter Erde finden, haben eine ganz andere Stellung und entsprechen dem Bauermeister der östlichen Gegenden.[2] Abgesehen von Graf, Centenar (Gograf) und Urteilfindern ist den Gerichten Engerns und Westfalens nur noch ein Mitglied bekannt. In diesem, dem Freifronen, treffen die Funktionen des ostfälischen Schultheißen samt denen des Fronboten vereint zusammen.

Es ist das Verdienst RICHARD SCHRÖDERS[3] diese bemerkenswerte Thatsache zuerst erkannt und verteidigt zu haben. Seine Ergebnisse sind vor allem zu berücksichtigen, wenn wir uns über die Gestaltung des mittelalterlichen Fronbotenamts in den verschiedenen Teilen Sachsens, sowie über die historische Entwickelung desselben Rechenschaft geben wollen.

Von vornherein, so ist seine Ansicht,[4] unterscheidet sich die sächsische Gerichtsverfassung von der fränkischen, wie sie sich unter Karl dem Großen gestaltet hatte, durch die Einrichtung eines öffentlichen Gerichtsvollzieheramtes. Für diese Abweichung müssen bestimmte Gründe vorgelegen haben und handelte es sich dabei ebenso wie bei den gotischen Sajonen um die Einfügung eines altnationalen Beamten in die sonst karolingische Gerichtsorganisation. Da der sächsische Vollzugsbeamte dem echten Ding nicht nur in dieser Stellung, sondern zugleich als erster Urteiler oder oberster Schöffe, an den die Eröffnungsfragen zu richten waren und gegebenen Falls als stellvertretender Vorsitzender statt des Grafen beizuwohnen hatte, so darf man in ihm

---

[1] Vgl. z. B. STÜVE, Gogerichte S. 7, 49.

[2] Vgl. LINDNER, Veme S. 362. SCHRÖDER, Schultheiß S. 9.

[3] In seinen oft citierten Untersuchungen zur Gerichtsverfassung des Sachsenspiegels, sowie über den ostfälischen Schultheißen und holsteinischen Overboden.

[4] Siehe ausführlicher und mit Belegen SCHRÖDER, Schultheiß 14—16. R.G. § 25 S. 171.

den altsächsischen Gesetzsprecher vermuten, dessen früheres Vorhandensein durch den Titel eosago beglaubigt wird.[1] Der neugeschaffene Gerichtsvollzieher ward bei den Westfalen Fronbote, bei den Nordsachsen Oberbote,[2] bei den Ostfalen und Thüringern Schultheiß genannt. Auf dieser Basis hat sich das Amt in der ersteren Gegend, dank der demokratischen Strömung, welche das Gerichtswesen in diesen Gebieten während des Mittelalters beherrschte,[3] erhalten, während der aristokratische Geist, welcher die sächsischen Gebiete längs der Elbe auszeichnete, zu einer weiteren Entwickelung, der Trennung des einheitlichen Organes und der Übertragung der Pflichten an zwei gesonderte Beamten führte."

Auch wir glauben uns im wesentlichen zu diesen Anschauungen bekennen zu müssen. Nur in einigen wenigen Punkten bedürfen sie unseres Erachtens einer Berichtigung, namentlich da, wo durch die neuesten Untersuchungen über das altgermanische Gesetzsprecheramt den Deduktionen Schröders der Boden entzogen wird.

Richtig scheint zunächst die Annahme einer ursprünglichen Zusammenfassung der Pflichten des ostsächsischen Schultheißen und Fronboten in dem einheitlichen Amte eines Gerichtsvollziehers. Hat sich im zwölften und dreizehnten Jahrhundert für Ostfalen eine durchgreifende Trennung des einheitlichen Organes vollzogen, so deutet doch die enge Verwandschaft der neugewordenen Würden, das Ineinandergreifen ihrer Kompetenzsphären untrüglich auf die gemeinsame Abkunft von einem Stamme hin. Dafür spricht einmal die Thatsache, daß noch der Sachsenspiegel den Büttel mehrfach an die Stelle setzt, die sonst der Schultheiß einzunehmen pflegt,[4] oder daß er es für vollständig gleichwert erachtet, welche der beiden Persönlichkeiten bei gewissen Vorgängen, zu der Abgabe des Gerichtszeugnisses zugezogen wird.[5] Weiter zeugt für unsere Meinung das Bild, welches die Gerichts-

---

[1] Schröder, Gesetzsprecheramt S. 228. R.G. § 8 S. 43 Anm. 22, 23.

[2] Die nordelbischen Sachsen lassen wir im folgenden unberücksichtigt. Von den drei dortigen Landschaften kämen zudem nur Holstein und Stormarn für unsere Untersuchung in Betracht. Da der daselbst bekannte „Overbode" durchaus in seiner Gestaltung dem Schultheißen Ostfalens entspricht, glauben wir uns, um Wiederholungen zu vermeiden, mit einem Verweise auf die Ausführungen Schröders, Schultheiß S. 9ff. begnügen zu dürfen.

[3] Schröder, G.V. S. 51ff.

[4] Ssp. I 70 § 3. Dieser schon von Schröder, Schultheiß S. 14 Anm. 3 herangezogenen Stelle, läßt sich vielleicht noch Ssp. I 68 § 2 beifügen. Vgl. noch die bei Schröder, G.V. S. 19 abgedruckte Urkunde über eine Landgerichtsversammlung zu Obhausen vom Jahre 1205.

[5] Ssp. II 22 § 1, 2. III 18 § 1.

verfassung Westfalens im Mittelalter bietet. Dort findet sich der Beamtentypus, in dem wir wohl die primäre Erscheinung der Entwickelung sächsischer Verhältnisse erblicken dürfen. In ihm sind, wie wir oben sahen, die wesentlichen Befugnisse des Fronboten und Schultheißen auch noch in späterer Zeit unlösbar verknüpft.[1] Eine Abspaltung nach der einen oder anderer Seite hin hat nicht stattgefunden.

Dabei hat es ganz und gar nichts Auffälliges, daß man den Vollstreckungsbeamten in zwei benachbarten Gebieten nicht unter demselben Titel kannte, sondern ihn da Frone (freyfrone) und hier Schultheiß (scultheizo) nannte. Haben ja neuerdings Heck und Siebs[2] nachgewiesen, daß sogar innerhalb eines einzigen geschlossenen Rechtsgebietes, in Friesland, die nämliche Persönlichkeit unter zwei den unseren stammgleichen und analogen Benennungen (frana und skelta) wiederkehrt. Darnach ist auch erklärlich, wie man in Ostfalen nach der Trennung der ursprünglich vereinten Pflichten des Vollzugsorganes dem einen der nunmehr seienden zwei Beamten den alten[3] Namen

---

[1] Die Funktion eines Urteilfinders tritt bei dem westfälischen Fronboten, besonders deutlich bei der oben besprochenen Beantwortung der Hegungsfragen hervor. Interessant ist, daß auch die süddeutschen Rechtsbücher dem „Büttel“ dieselbe Pflicht zuerteilen. Dsp. c. 82 S. 87 in engster Anlehnung an Ssp. I 59 § 2 aber mit Ersetzung des Wortes Schultheiß: Ez enmag dhein richter eleich dinch gehaben an sein poten die daz dinch zerecht gepieten sullen. Da sol man vranpoten der ersten urtail vragen also .... Ähnlich Schwsp. 93 S. 49 und Landrechtsbuch Ruprecht von Freisings c. 66 S. 79ff. Vgl. Burchard, Gerichtshegung S. 288 ff. Ob die Verfasser der angezogenen Rechtsbücher von Eikes Vorbild abwichen in Erkenntnis des Charakters der ostfälischen Schultheißen als ursprünglichen Vollzugsorganes, ob sie die thatsächlichen lokalen Verhältnisse berücksichtigen wollten, oder ob sie gar mit Ssp. I 59 § 2 nichts anzufangen wußten, ähnlich wie mit III 81 § 1 („schöffenbarfreien“ ersetzt durch „Büttel“ vgl. Schwsp. 156 S. 74) kann erst nach eingehender Untersuchung des süddeutschen mittelalterlichen Vollstreckungsverfahren festgestellt werden.

[2] Heck, Altfries. G.V. S. 36ff. Schulze ist afrs. skeltá(ta), entstanden aus skeldhâta, entspricht dem ags. scyldhâta ahd. sculdheizo, sculdheitzo = derjenige, welcher die Schuld (Verpflichtung) heißt (gebietet). frâna ist die schwache substantivische Maskulinbildung aus dem Adjektiv frân „dem Herrn gehörig“ entspricht dem mhd. vrôn. Beide Ausdrücke, Schulze und frana finden sich in den Asegaquellen unterschiedslos und vollständig gleichbedeutend gebraucht, um den Gerichtsverwalter zu bezeichnen. Vgl. noch Richthofen, W.B. frana 2) S. 757. Grimm, R.A. S. 755. Dies zur Ergänzung Schröders, der nur die Beziehung des Wortes Schultheiß zum Gerichtsvollzieherwesen betonen konnte. Vgl. Schultheiß S. 14 oben und die ibid. Anm. 1 Citierten.

[3] Schröder, R.G. S. 171 wenigstens nimmt an, der Vollstreckungsbeamte Ostfalens habe in fränkischer Periode den Titel Schultheiß geführt. Mit Quellenbelegen läßt sich dies freilich nicht erweisen, da wir für die Erkenntnis dieser Verhältnisse der Frühzeit einzig auf Rückschlüsse angewiesen sind. Vielleicht

Schultheiß ließ, für den andern die nicht allzu fern liegende Bezeichnung vrone, vronebode, Fronbote übernahm.

Wieso es aber gerade in den östlichen Gegenden, in den Marken längs der Elbe und Saale zu einer Loslösung eines Teiles der Funktionen des Vollstreckungsbeamten kam, ist ebenfalls nicht schwer einzusehen. Dort hatte bei dem Überwiegen des „Wehr- über den Nährstand“[1] die emporblühende Ritterschaft schon früh das ausschließliche Recht zu den Schöffenstühlen zu erlangen gesucht. Da nun der Schultheiß-Fronbote als erster unter den Urteilfindern galt, fühlte er sich mählich als Haupt des erstarkenden Landesadels. Wie er in dieser Eigenschaft den Mitvorsitz im Landgericht und schließlich sogar eigene Gerichtsbarkeit erhielt, wie er Beschwerdeinstanz gegenüber dem Grafen wurde, mochten ihm die mannigfachen Aufgaben eines Gerichtsvollziehers, die anfänglich seine Hauptthätigkeit gebildet hatten, nur noch als lästige Nebenbeschäftigungen erscheinen. Da er immer höher emporstieg, ließ er an seinem alten Platze einen Ersatzmann zurück, der seine ursprüngliche Stellung als Vollstreckungsbeamter einzunehmen berufen war. Von seinen einstigen Pflichten war dann endlich dem „Schultheißen“ nur die mit seinem Rang als erster Urteilfinder[2] verbundene Beantwortung der Hegungsfragen geblieben. Alle übrigen hatte der neben ihm entstandene „Fronbote“ übernommen. Der Sache nach entspricht also der letztere weit mehr als der „Schultheiß“ in Eikes Rechtsbuch, dem Vollstreckungsbeamten, wie er in altfränkischer Periode der sächsischen Gerichtsorganisation eingegliedert ward. Dies ist um so mehr zu beachten, als nach Schröder gerade das Wort „Schultheiß“ der Titel ist, den das altsächsische Vollzugsorgan zu führen pflegte.[3] Der ursprüngliche Name und die neugewonnenen Befugnisse (Vertretung im Landgerichtsvorsitz, eigene Jurisdiktion etc.) finden sich im Mittelalter bei dem emporsteigenden Nachkommen zusammen. Der jüngere Spross dagegen darf, obgleich er der Berufsthätigkeit nach dem gemeinsamen Vorgänger weit mehr gleicht, zum Unterschied von dem stolzen Mitbewerber den überkommenen Namen nicht mehr führen, man hat für ihn eine neue Bezeichnung „Fronbote“ gefunden.[4]

---

wäre es besser gewesen, wenn sich das thatsächliche Vorkommen des Titels Schultheiß für den ostfäl. Schultheiß-Fronboten der fränkischen Periode nicht erweisen, sondern nur vermuten läßt, diesem unter einer neutralen Bezeichnung (exactor) anzuführen. Im folgenden werden wir jedoch Schröders Annahme und Titelgebung als die anscheinend richtige beibehalten.

[1] Vgl. Schröder, Schultheiß S. 9, 15ff. G.V. S. 53ff.

[2] Vgl. Planck, I 91. [3] Vgl. oben S. 76 Anm. 3.

[4] Bei Schröder (vgl. R.G. S. 171, 549) scheint mir gerade diese Auswechselung von Name und Thätigkeit nicht genügend betont zu sein. Nach seinen

Die beiden neugewordenen Beamten scheinen im Mittelalter ziemlich unabhängig nebeneinander ihre Stellung behauptet zu haben. Wenn SCHRÖDER sagt,[1] „bei den Ostfalen, Thüringern . . stand über dem Fronboten noch ein „Oberfronbote“, der den Titel *praefectus*, schultheiß führte. . . . . Dieser scheint als Führer der Aristokratie des Landes dem Grafen gegenüber, zu seiner einflußreichen Stellung gelangt zu sein, während sein ursprünglicher Gerichtsdienst in der Hauptsache auf den Unterbeamten überging,“ so ist dies nur mit Vorsicht aufzunehmen.[2] Sozial mag ja der Fronbote im Mittelalter sicher weit weniger geachtet worden sein, als sein vornehmerer Kollege, der Schultheiß. Von irgend einer rechtlichen Unterordnung unter denselben ist dagegen nirgends in den Quellen die Rede. Der Büttel erscheint vielmehr, wie wir oben sahen, als vollkommen selbständiges Organ und wesentliches Mitglied der Landgerichte. Wenn er thatsächlich jemandes Anordnungen sich zu fügen hatte, so war dies sicher nur bei Befehlen des Richters, demnach des Grafen, nicht aber des Schultheißen der Fall. Erst als im Laufe des 13. und 14. Jahrhunderts die eigene Gerichtsgewalt des letzteren erstarkte, mag er vielleicht auch einen direkten rechtlichen Einfluß auf das Fronbotenamt ausgeübt haben.

Über die Beschaffenheit und zwiespältige Entwickelung des Vollstreckungswesens auf sächsischem Boden hätten wir somit Klarheit erlangt, es bleibt nun noch zu erörtern, auf welche Weise es überhaupt zum Beginne der geschilderten eigentümlichen Gestaltung kommen konnte?

SCHRÖDER meint,[3] es habe sich dabei um die Einfügung eines altnationalen Beamten und zwar, wie sich aus der ihm neben der Vollziehung zugeteilten Funktion eines ersten Urteilers ergebe, um Erhaltung des altsächsischen Gesetzsprechers, des eosago, in der sonst karolingischen Gerichtsorganisation gehandelt.[4] Namentlich der letzte

---

Ausführungen könnte man der Meinung sein, daß der „Schultheiß“ des Sachsenspiegels dem altsächsischen Vollzugsorgan auch hinsichtlich seiner Pflichten und Kompetenz entspräche, während dies von der Gerichtshegung abgesehen, nur hinsichtlich seines Namens und der Entstehung der Fall ist.

[1] R.G. § 49 S. 549. Vgl. noch Schultheiß S. 16.

[2] Namentlich der Titel „Oberfronbote“ dünkt mir bedenklich, da wie ja SCHRÖDER a. a. O. selbst zugiebt, die so benannte Persönlichkeit die eigentlichen Vollstreckungspflichten, den Fronbotendienst nicht mehr verrichtete.

[3] Schultheiß S. 14ff. Gesetzsprecheramt S. 228. R.G. § 25 S. 171, § 8 S. 43 Anm. 22, 23.

[4] Den Unterschied zwischen sächs. und fränk. Gerichtsverfassung hinsichtlich des Gerichtsvollzieherwesens betonte schon SOHM, fränkische Verfassung. Z. Bsp. S. 408, 537.

Teil dieser Behauptung erregt Bedenken. Schröder hat zu ihrer Unterstützung vor allem die friesischen Verhältnisse herangezogen, in dem Glauben, dort habe sich der Gesetzsprecher (Priester) unter dem Namen „asega" bis tief in das Mittelalter erhalten. Neuerdings hat sich aber durch Hecks[1] Untersuchungen gezeigt, daß gerade der asega Frieslands nicht Gesetzsprecher, sondern lediglich Urteilfinder gewesen ist, daß weiterhin nicht ein einziger asega in dem Gau vorhanden war, sondern jedem derselben mehrere, wahrscheinlich 12, Träger dieses Namens zugehörten. Ein aus dem heidnischen Priestertum hergeleitetes Gesetzsprecheramt wie Richthofen,[2] Schröder[3] und andere es sich dachten, ist demnach für die genannten Gegenden nicht zu erweisen, und auch der gemeingermanische Charakter[4] dieser Institution, den Schröder vornehmlich im Hinblick auf die friesischen Verhältnisse annehmen zu dürfen berechtigt erschien, ist damit mehr als zweifelhaft geworden. Fällt aber die Prämisse, so sind auch die aus ihr gezogenen Schlüsse nicht mehr zu halten. Demnach darf insbesondere für Sachsen aus dem einfachen Vorkommen des Wortes eosago nicht mehr auf die Existenz eines dort heimischen, dem altheidnischen Priestertum verwandten, Gesetzsprecheramtes geschlossen werden, da eine solche Deutung sich nur durch die Annahme einer angeblich übereinstimmenden Gestaltung des betreffenden Organes bei den benachbarten deutschen Stämmen rechtfertigen ließ.[5]

Wir können also Schröder nicht ohne weiteres beistimmen, wenn er meint, der geschilderte Vollstreckungsbeamte der fränkischen Zeit sei nur die Fortbildung eines „altsächsischen Gesetzsprechers", eben um deswillen, weil ein solcher in seinem Sinne nicht nachzuweisen ist. Damit soll aber nicht jede Möglichkeit des Zusammenhanges dieses Vollzugsorganes mit den durch den Heliand[6] bezeugten eusagon, Männern von anerkannter Rechtskunde, welche keine rechtliche, gerichts-

[1] Heck, Altfries. G.V. S. 47—92. [2] Richthofen z. B. Altfries. W.B. 609.

[3] Schröder, Gesetzsprecheramt S. 229 und die ibidem Anm. 3 Citierten.

[4] Schröder, Gesetzsprecheramt S. 226.

[5] Vgl. z. B. Schröder, R.G. § 8 S. 43 Anm. 22. „Bezeugt ist der Gesetzsprecher bei Isländern, Norwegern, Friesen etc., wenigstens angedeutet bei Sachsen (eosago). Weiter § 25 S. 171. „Der altsächsische Gesetzsprecher, dessen früheres Vorhandensein durch den Titel eosago beglaubigt wird." Diese Annahme ist nun hinfällig geworden.

[6] Vgl. dazu Brunner, R.G. I 151, 152; bes. Anm. 42, 43. Dort finden sich auch die Stellen aus dem Heliand abgedruckt. Z. B. V. 3801: „Huat, thu bist eusago . . allon thiodon uuisis uuares so filo" als Anrede für Jesus. Heck, Altfries. G.V. S. 48, 49 Anm. 10. Die Beziehung des Fronboten zum priesterlichen Amt betont Sachsse, Grundlagen S. 294, 295; die von ihm beliebte Hereinziehung der Sacebaronen freilich ist durchaus falsch.

verfassungsmäßige, sondern nur thatsächliche Bedeutung genossen und auf Verlangen Rechtsbelehrung erteilten, geleugnet werden. Denn SCHRÖDER hat soweit Recht, als er betont, die Schaffung des „Schultheißenamtes" sei die Übernahme einer altnationalen sächsischen Einrichtung in die sonst karolingische Gerichtsorganisation. Er verweist zur Bekräftigung dieser Meinung auf Analogie der gotischen „Sajonen".[1] Es hat dies viel Einleuchtendes, da es sich hier nachweisbar ebenfalls um die Erhaltung eines dem Volke heimischen Beamtentypus handelte. Während die fränkische Gerichtsverfassung im Gotenreiche einmal zur Herrschaft gelangt, die alten Gewohnheiten sonst vollständig verdrängte, hat sie sich bezüglich der Vollziehung beschieden. Sie hat die Ausführung der Exekution nicht schematisch den ihr allein bekannten knechtischen „lictores" übertragen, sondern mit dieser Thätigkeit die von ihr vorgefundenen, seither ähnlich verwandten freien und angesehenen sajones oder sagiones betraut.

Sollte eine ähnliche Schonung einer nationalen Institution bei Einführung der neuen Verfassung nicht auch im Sachsenlande angebracht erschienen sein, zumal dieses erst jüngst dem fränkischen Joche sich beugen gelernt hatte? Ist es unwahrscheinlich, daß man der noch unruhigen Bevölkerung eine gewisse Sicherheit gegen Übergriffe vielleicht stammfremder Grafen gewähren wollte? Gab es schließlich für eine solche Absicht ein besseres Mitel, als daß man die Vollziehung in gewissem Sinne den Händen des Gerichtsherrn entwandt, indem man damit einen selbständigen, etwa vom Volke gekorenen

---

[1] Über Alter und gegenseitiges Verhältnis der Formen sagio, saio, sajo. Vgl. ARTHUR SCHMIDT in Zeitschrift der Savignystiftung für Rechtsgeschichte, german. Abt. Bd. IX S. 235 besonders Anm. 2. Über Erklärung und Verdeutschung des Wortes vgl. KÖGEL, Sagibaro S. 20; SCHMIDT a. a. O. S. 235 Anm. 1. sagio = Folger (Wurzel seq sequi). Über Pflichten, Befugnisse der sajonen und ihr Verhältnis zur fränkischen Gerichtsverfassung vgl. SOHM, fränkische Verfassung S. 536 und ibid. Anm. 29. DAHN, Könige III 119f. 180f. VI 136, 354. WAITZ, V.G. IV 410. BETHMANN-HOLLWEG, germ. C.P. I 195, 283. Wenn DAHN, Könige VI S. 354 meint, die Stellung der sajonen im West- und Ostgothenreiche sei im allgemeinen die nämliche gewesen, geht er vielleicht etwas zu weit. Die Unterschiede beider Beamtenklassen scheinen mir gerade nach seinen Ausführungen (vgl. a. a. O. III 119ff. 181. BETHMANN-HOLLWEG a. a. O. 273 einerseits, und DAHN a. a. O. VI 136f. 354f. BETHMANN-HOLLWEG a. a. O. 195 andererseits) ziemlich schwerwiegende gewesen zu sein. Für unsere Betrachtung kommen in erster Linie die westgotischen Sajonen in Betracht. Vgl. BRUNNER, R.G. II 189. SCHRÖDER, R.G. § 25 S. 170 Anm. 42. Für einen Vergleich der Einzelbestimmungen über sajo und Fronbote ist besonders wichtig Leg. Wisig. II Titel 1, 25 (WALTER, C.I.G. S. 437. Vgl. bei ZEUMER, Leg. Wisig. II 1, 24 S. 54, 55), welche mit Ssp. III 56 § 3 verglichen zu werden verdient.

Beamten, der zugleich der Urteilfindung nicht fernstand, für sie verantwortlich machte? Die Bejahung all dieser Fragen wird erleichtert durch einen Blick auf die friesischen Verhältnisse. Dieselben Untersuchungen des dortigen Rechtes, welche den Deduktionen Schröders bezüglich des Gesetzsprecheramtes den Boden entziehen, erweisen sich, wie uns scheint, in einem anderen Punkte als Stützen seiner Anschauung. Bisher hatte man geglaubt,[1] die friesische Gerichtsverfassung beruhe fast durchweg auf eigentümlicher, mit der fränkischen wenig harmonierender Sonderbildung. Heck[2] hat dagegen nachgewiesen, daß schon in alter Zeit Frieslands Gerichtsorganisation mit der karolingischen vollkommen übereinstimmte, mit Ausnahme zweier Momente, bei denen heimische Gewohnheiten den Sieg behalten hatten. Das Durchklingen desselben Gedankens, der im Gotenreiche nachgewiesen ist, den wir für Sachsen annehmen möchten, begegnet uns auch hier im Friesenlande. Es ist die Idee der Übertragung der Grundzüge fränkischer Gerichtsorganisation auf stammfremde, dem Staatswesen neu eingegliederte Gebiete unter Schonung der Nationalehre, unter weiser Erhaltung heimischer, dem Volke lieb gewordener Eigentümlichkeiten. Eine des großen Karl wahrhaft würdige Diplomatie!

Als Resultat ergiebt sich demnach kurz folgendes. Die fränkische Gerichtsverfassung ist, wie dies auch für benachbarte Gebiete nachweisbar ist, ganz ebenso in Sachsen siegreich vorgedrungen und zur vollkommenen Herrschaft gelangt. Nur in einem Punkte, bezüglich der Regelung des Vollstreckungsverfahrens ward ihr erfolgreich Widerstand geboten. Das Vollzugswesen wurde in eigentümlich selbständiger Weise geregelt, indem man zu seiner Verwaltung ein besonderes Organ schuf, dem zugleich der Beisitz im Grafengericht anvertraut wurde. Wieweit es sich dabei um eine Anknüpfung an den alten eosago, um die Fortbildung eines nationalen Beamtentypus handelte, muß in Hinblick auf die spärlichen Quellenzeugnisse einstweilen dahingestellt bleiben.

Während diese Gestaltung der Verhältnisse sich im westlichen Gebiete Sachsens bis ins Mittelalter hinein unverändert erhielt, hat im Osten die Entwickelung noch in früher Periode zu einer Spaltung geführt. Das ursprünglich einheitliche Amt ward auf zwei Personen verteilt, von denen die eine aristokratische unter Hinzunahme neuer Pflichten als erster Urteilfinder fungierte, während die andere, dem breiten Volke entwachsen, sich mehr der eigentlichen Vollstreckung

---

[1] Z. B. Schröder, R.G. § 49 S. 541.

[2] Heck, Altfries. G.V. besonders S. 400ff.

zu widmen hatte. Mag die letztere auch sozial nicht ganz auf der Höhe der ihr verwandten Gerichtsperson gestanden haben, so ist doch sicher von einer rechtlichen Unterordnung unter dieselbe uns keine Andeutung gegeben.

§ 10.

2. Der Büttel des Stadtrechts.

Seit Herannahen des Mittelalters hatten sich innerhalb der Landgerichtsbezirke städtische Kommunen gebildet, in welchen man sich bald nicht mehr mit dem allgemein gültigen Stammesrechte begnügen konnte. Die Entstehung eines freien Bürgerstandes, der aufblühende Handel und Verkehr, der Übergang von der Natural- zur Geldwirtschaft mußte gewisse Umgestaltungen des bisherigen Privatrechtes mit sich führen. Die neuen Erwerbsquellen, welche sich von denen der Ritter und Bauern weit unterschieden, die ganze veränderte Lebensweise heischten dringend, daß ihnen passende Normen gefunden würden. Das Landrecht wurde zum „Weichbildrechte" fortgebildet.

Hand in Hand mit dieser Änderung des materiellen Inhaltes der Gesetze und Gewohnheiten ging eine Wandlung der Art ihrer formellen Übung und gelegentlichen zwangsweisen Verwirklichung. Der von seiten der Städte ursprünglich beibehaltene Zusammenhang mit dem Landgerichtsverbande ward allmählich gelockert, schließlich gelöst, eine eigene Verfassung und mit ihr eine selbständige Gerichtsbarkeit zur Bethätigung der vermehrten Rechtsansprüche ward von den Bürgern im Laufe der Jahre errungen.

Für uns fragt es sich insbesondere, wie es mit der Ausführung der notwendigen Exekutionen zur Zeit des Mittelalters in den genannten Kommunen bestellt war? Dabei wird es weniger darauf ankommen jede kleine Abweichung der zum Teil zeitlich und räumlich auseinander liegenden Quellen[1] festzustellen, wie die immer wiederkehrenden Grundzüge und die hauptsächlichsten Unterschiede zum Landrechte herauszuheben. Denn wie sehr bei Ausgestaltung der Stadtrechte lokale Anschauungen und zufällige Bedürfnisse eine Rolle zu spielen hatten, gewisse fundamentale Grund-

---

[1] Es würde an dieser Stelle zu weit führen, auch nur eine Übersicht über Entstehung, Alter, gegenseitiges Verhältnis und Wert der für uns in Betracht kommenden Stadtrechtsaufzeichnungen geben zu wollen. Ich muß mich begnügen, auf die trefflichen Ausführungen Stobbes, Rquellen I §§ 50—53, S. 482 ff., Schröders, R.G. § 56 S. 651 ff., Schultes, R.G. § 65 und andere, sowie auf die Einleitungen der verschiedenen Quellendrucke zu verweisen.

sätze kehren bei fast allen Gemeinwesen in Übereinstimmung wieder. Die leitenden Gedanken werden sich am besten erkennen lassen, wenn wir aus der großen Zahl der Stadtrechte eine in sich verwandte Gruppe herausnehmen und in den Mittelpunkt unserer Betrachtung stellen, um den sich dann die anderen nach Gefallen gruppieren mögen. Es bedarf keiner Verteidigung, wenn wir dazu Magdeburg[1] wählen, dessen Recht sich als der reinste Ausdruck einer stadtrechtlichen Umbildung von Eikes Rechtsbuch erweist und zugleich im Mittelalter bei den Kommunen Westfalens und Sachsens überhaupt[2] die ausgedehnteste Anwendung fand. Sind auch die eigenen Rechtsaufzeichnungen gering, so gewähren doch die zahlreichen an die Tochterstädte ergangenen Mitteilungen und die Fülle der Schöffensprüche die reichste Ausbeute, und dürfen wir namentlich in letzteren ein ungetrübtes, durch keine Tendenz entstelltes Spiegelbild der thatsächlichen Verhältnisse erblicken.

Man darf behaupten, die Städte Magdeburger Rechts hätten sich im allgemeinen der auf fränkischer Grundlage erwachsenen Gerichtsverfassung der übrigen deutschen Städte angeschlossen.[3] Überall findet sich ein Obergericht des ersten *iudex*, meist Burggraf oder Vogt geheißen, dem dann das Ding eines Unterrichters, der in der Mehrzahl der Fälle den Titel „Schultheiß" führt, gegenübersteht. Zu bemerken ist dabei besonders, daß der letztere, seinen Funktionen und Pflichten nach, fast durchweg dem „Gografen" des Landrechtes entspricht[4] und nur insoweit dem Schultheißen des Sachsenspiegels ähnelt, als er gleich diesem dem Echteding beizuwohnen hat und zur Entgegennahme von

---

[1] Über die Bedeutung des Magdeburger Rechts vgl. Stobbe, Rquellen I S. 535 ff. Schröder, R.G. § 56 S. 653 ff. Über dessen Verbreitung außer den dort Citierten Roepell, Richard, Über die Verbreitung des Magdeburger Stadtrechts im Gebiete des alten polnischen Reichs ostwärts der Weichsel, in Abhandlungen der histor.-phil. Gesellschaft in Breslau I. Bd. (Breslau, Trewendt, 1857) S. 243 ff. Bischoff, Beiträge zur Geschichte des Magdeburger Rechts, Sitzungsberichte der Wiener Akademie d. Wissensch., phil.-hist. Abt., Bd. 50 S. 333 ff.

[2] Eine der wenigen sächsischen Städte, die nicht in näherer Beziehung zu Magdeburg stand, ist z. B. das Freiberger Stadtrecht (gegen 1300 aufgezeichnet), das für die Erkenntnis der sächsischen Einrichtungen demnach die schätzenswerteste Ergänzung zu den übrigen miteinander enger verwandten Rechtsaufzeichnungen bildet.

[3] Vgl. Planck, I § 5—7 S. 21 ff. Schröder, G.V. S. 56, 57.

[4] Anders die eigentümlichen Verhältnisse in Goslar, wo wir einen großen und einen kleinen Vogt finden, von denen der letztere an die Stelle des Gografen getreten zu sein scheint. Dazwischen steht der Schultheiß, welcher eine schwer zu umgrenzende Mittelstellung einnimmt, und der Vollstreckung nicht fernbleibt, vgl. Göschen, Goslar. Statut. 367 ff. Ein Eindringen in die Details der Goslarer Stadtverfassung, speziell der Gestaltung des dorten gehandhabten Vollstreckungswesens muß einer Sonderuntersuchung vorbehalten bleiben.

Beschwerden über den Oberrichter berufen ist.[1] Als dritter die Rechtsprechung der Städte beeinflussender Faktor kommt schließlich seit dem zwölften Jahrhundert ein diesen specifisch eigentümliches Organ, der von den Bürgern gewählte Stadtrat,[2] in Betracht.

Welche staatsrechtliche Stellung nahm demgegenüber das städtische Vollzugsorgan ein? War die Vollstreckung untergeordneten Schergen und Privatdienern überlassen, wie einstens im Frankenreiche, oder aber war sie nach Analogie des sächsischen Landrechtes einem öffentlichen gesetzmäßig berufenen Beamten anheimgeben? Ersteres dürfte sofort zu verneinen sein. Wir finden verschiedentlich in den Quellen den ausdrücklichen Vermerk, daß nur der zu dem Gerichte gekorene Fronbote nicht ein beliebiger Knecht des Schultheißen bestimmte Handlungen vornehmen dürfe. Des schultheysin ding enmag dem manne nymant kundegin, wenne der schultheise selbir adir dy vrone botin, nicht syn knecht. (M. Br. system. Schöffen-R. II 2 c. 9 S. 24).[3] Dazu kommt dann ergänzend die immer von neuem wiederholte Betonung nur die beeidigten Vollstreckungsbeamten, di czu deme gerichte gesworin habin", seien für vollwertig zu erachten.[4]

Neben diesen muß es eine ganze Reihe von Personen gegeben haben, welche teils im Privatdienste des Richters standen, zum Teile wohl auch durch die Stadt selbst bestellt waren,[5] und welche man zum Vollzuge aller möglichen Handlungen zu verwerten suchte. Der Unterschied zwischen ihrem und der „Büttel" Thun zeigte sich in der jeweiligen Wirkung, indem eben ersteres jeder rechtlichen Kraft und Bedeutung entbehrte.[6] „Mer wat des sculteten bode dede, de to deme richte nicht ghesvoren heft, dat en darf man nicht halden von rechtes weghenne" (Stendal. U.B. XXII 2 S. 92). Vielleicht darf man nicht mit Unrecht gerade in dieser scharfen Zurückweisung privater Dienstleistungen einen Widerstand gegen das Herannahen späterer

---

[1] Vgl. Schröder, Schultheiß S. 5, 6.

[2] Vgl. Schröder, R.G. § 51 S. 613ff. Planck, I S. 25ff. Übersicht über die immer mehr erstarkende Beeinflussung der Rechtsprechung durch einen mittelalterlichen Stadtrat bei Eckert, Der Mainzer Rat in Archiv für hess. Gesch. u. Altertumsk. N. F. II 2 Darmstadt 1895 bes. S. 348ff.

[3] Vgl. Mgd. W. II § 10 S. 232, Mgd. W. IV Art. 6 S. 272, Wb. 46 § 3 Col. 125.

[4] M. Br. system. Schöffen-R. II 2 c. 39 S. 36. Mgd. Fragen I 5 d. 3 S. 82: sein „ammechte, do her czu gesworn hat". Ibid. I 5 d. 4 S. 83: daz der vronebote zcu deme gerichte gekorn ist unde dorczu gesworn hat. Ibid. II 2 d. 1 S. 154f. M. Sch.R. Wass. I c. 166 S. 99. Sch.U. Wass. III c. 93 S. 242.

[5] Über solche „Stadtdiener" vgl. z. B. Berlin. Stadtb. Register S. 286 unter dem Wort. Mgd. Fragen I 2 d. 12 S. 46.

[6] Selbst dann, wenn der Betreffende vom Richter besonders zu seinem Thun beauftragt ist. Vgl. Mgd. Fragen II 2 d. 1 S. 154ff. Weiter Planck, II 380.

Zeitströmungen erblicken, welche es mit der Heranziehung eines eigens bestellten Boten zu gerichtlichen Exekutionen nicht mehr so streng nahmen.

Der von dem Fronboten geforderte Amtseid[1] wurde nicht nur dem Richter, etwa dem Burggrafen oder Schultheißen geleistet, er enthielt vielmehr zugleich die von dem Neuberufenen dem städtischen Rate geschuldete Huldeleistung.[2] Man kann daher ganz wohl behaupten, die Büttel seien Stadt- und Gerichtsbote in einer Person gewesen.[3] Die zweifach geschworene Treue hatte bei den engen Beziehungen, in die der Stadtrat zur Rechtspflege getreten war, kaum irgend welchen Schwierigkeiten zu begegnen.

Im wesentlichen stimmt demnach die staatsrechtliche Stellung des städtischen Büttels mit der des ihm verwandten Typus der Landgerichte völlig überein. In beiden Fällen findet sich als wichtiges und charakteristisches Merkmal die dauernde, gesetzlich geregelte Berufung zum Amte, die ordnungsgemäße Eingliederung in den Gerichtsverband. Der geleistete Eidschwur verfolgt nur den Zweck, das zwischen den öffentlichen Organen geknüpfte Band wechselseitiger Treue noch feierlich zu bekräftigen.

Ein feiner Unterschied läßt sich indes nach der genannten Richtung zwischen dem Vollzugsorgan des Stadt- und Landrechtes konstatieren. Wir sahen früher wie der Fronbote, wenn er auch gelegentlich einer einfachen, rechtmäßigen Anordnung des Richters zu folgen hatte, doch in der Mehrzahl der Fälle erst nach Vorausgehen eines ordentlichen gerichtlichen Verfahrens thätig werden durfte. In den Städten muß die Unterordnung unter den Richter und der Gehorsam gegenüber seinem Befehle häufig in weit stärkerem Maße hervorgetreten sein. „Die butele haben ouch keine gewalt an nichte, den daz si tun, waz si die burger heizen unde der voit; daz sullen si tun unde anders nicht", heißt es kurz und bündig in der Freiberger Rechtsaufzeichnung,[4] mit andern Worten, sie haben jedem von seiten des Rates oder oder Vogtes an sie ergehenden Befehle unweigerlich nachzukommen. Noch schärfer tritt diese Tendenz in Lübeck[5] zu Tage, wo gesagt wird, der *preco est*

[1] Der Inhalt einer solchen Eidesformel ist uns z. B. im Berlin. Stadtbuch überliefert (S. 3): Tu deme dinste dar du tu entphangen bist, dar wil tu in dynen unde horsam syn den ratman und den borgeren unde ernstliken dy gefangen angripen. Und wil dat nicht laten dorch gift, dorch gave. Und dy gefangen, helden und slote truwelik bewaren, als my got helpe und dy hiligen.

[2] Vgl. auch Distinctionen III 1 d. 3 S. 135, 136.

[3] Vgl. Schröder, R.G. § 51 S. 616. [4] Freiberg. St.R. 36 § 1 S. 225.

[5] Lüb. R. I· 56 S. 203.

nuncius civitatis et iudici etiam subditus, er sei eine zwar in städtischen Diensten stehender, aber gleichwohl dem Richter untergebener Mann.

Über die Art der Bestellung im einzeln, betreffs der aktiv und passiv Wahlberechtigten sind nur spärliche Nachrichten vorhanden. Wenn die eine oder andere Rechtsaufzeichnung sich etwas ausführlicher darüber ausläßt, so erweist sich dies als einfache Kopie der einschlagenden Sätze des Sachsenspiegels.[1] Ein Einblick in eigentümlich städtische Verhältnisse läßt sich daraus nicht gewinnen. Jedenfalls ist anzunehmen, zu dem Amte sei stets einer der Bürger[2] gekoren worden, und waren dann nähere Bestimmungen über persönliche Freiheit etc. bei den veränderten Lebens- und Berufsverhältnissen nicht von nöten. Zur Wahl selbst dürften in den weitaus meisten Fällen Richter und Schöffen bezüglich Ratsherren[3] gemeinsam geschritten sein, gelegentlich mögen sich dabei die „Stadtherren",[4] z. B. Erzbischöfe ihren Einfluß gesichert haben.

Bezüglich der Zahl der Vollstreckungsbeamten in einer Kommune läßt sich untrüglich nachweisen, daß jeweils nach Bedürfnis mehrere bestellt wurden, die sich untereinander in die Pflichten zu teilen hatten. Abgesehen von der schon früher angeführten Stelle der Distinktionen,[5] erhellt dies z. B. aus Nachrichten, welche besagen, die Parteien hätten zum Vollzuge einer Handlung den Richter um „einen" Fronboten gebeten,[6] damit er ihnen rechtens helfe. Der unbestimme Artikel hätte

---

[1] Vgl. Berlin. Stadtb. III § 28 S. 153. Distinctionen VI 21 d. 4 S. 330ff.

[2] Selbst Angehörige der patrizischen Geschlechter scheuten sich noch in späterer Zeit nicht, das Amt eines städtischen Gerichtsvollziehers zu übernehmen. So ist im Kreuzgang des Mainzer Doms (an dem Widerlagspfeiler des westlichen Flügels) eine Grabinschrift erhalten, welche besagt, daß anno 1459 Johannes aus dem Geschlecht zum Eiseneck als *bedellus* gestorben sei. Ich verdanke diese Notiz der Liebenswürdigkeit des Prälaten Dr. Fr. Schneider, der die Inschrift zuerst im Jahre 1873 entdeckte und im Mainzer Journal publizierte. — Freilich ward mitunter die Verpflichtung, das Büttelamt zu übernehmen, auch als Last empfunden. Görl. L.R. 36 § 5 S. 195.

[3] Soest. Statut.-R. 11 S. 50: *Quemcumque etiam preconem burgenses statuerint, illum advocatus acceptabit.*

[4] Für die spätere Zeit vgl. Dreyhaupt, Saalkreis n. 494 S. 473, 474: Erzbischof Friedrichs Vertrag mit Schultheiß und Schöffen zu Halle des Fronboten halber vom 28. XII. 1463. Schöffen und Schultheiß wählen aus den Bürgern den Büttel. Ehe er sich seinen Pflichten unterzieht, leistet er dem Erzbischof Hulde. Ist er im Amte und dem Erzbischof nicht bequem, so haben die ursprünglich Wahlberechtigten auf Wunsch einen neuen zu bestellen.

[5] Distinctionen III 1 d. 3 S. 135: in wichbilde botele, eyner zcwene adder dry. Vgl. oben S. 31 ff.

[6] Z. B. M. Sch.R. Wass. I c. 211 S. 107: eyn man ist komen zcu dem richter und hat genomen mit zeynen willen eynen froneboten .... M. Br. system.

wenig Sinn, wenn es nicht deren mehrere gegeben hätte. Etwelche Zweifler müßten die Magdeburger Fragen vollends überzeugen, bei denen es gelegentlich der Verletzung eines Büttels heißt: „Das clageten dy vroneboten gemeynlich uff yn . . .“ (I 5 d 4 S. 83).

Wenn sich daneben der Ausdruck findet, der richter und seyn gefronter bote,[1] so beweist dies nichts gegen unsere Behauptung, da einmal diese Phrase nicht unbedingt eine Mehrzahl von Vollstreckungsbeamten verneint, schließlich aber auch zugestanden werden kann, es sei unter Umständen nur ein Vollzugsorgan vorhanden gewesen. Die zu bewältigende Arbeitsfülle dürfte allein maßgebend für die Berufung einer oder mehrerer Personen zum Amte gewesen sein. Dabei mag nicht einmal immer eine bestimmte Zahl als Maximum festgesetzt gewesen sein.

Beim Überblick über die Pflichten des Vollzugsorganes werden sich mannigfache Änderungen im Vergleich mit dem Landrechte ergeben. Gleich zur Dingvorbereitung, über die wir ziemlich ausführlich unterrichtet sind, findet sich der Fronbote in stärkerem Maße herangezogen.[2] Es war dies eine indirekte Folge der Umwandlung, welche die veränderten wirtschaftlichen Verhältnisse hervorgerufen hatten. Da für den regen Geschäfts- und Rechtsverkehr die drei jährlich wiederkehrenden echten Dinge bei weitem nicht mehr ausreichten,[3] war man gezwungen, ganz unregelmäßig in immer kürzeren Zwischenräumen Gerichtstage anzusetzen. Waren oft schon die alten bekannten Versammlungen gekündigt worden, um wieviel mehr mußten diese neuen den Interessenten angesagt werden. Hierzu sollte nur der gekorene, vereidigte Büttel[4] verwendet werden. Dieser hatte die Dingpflichtigen, namentlich aber den jeweils Beklagten zum richtigen Erscheinen aufzufordern.[5]

Nach Magdeburger Recht[6] geht der Gläubiger zu dem Richter und bittet, ihm einen Fronboten zu dem genannten Zwecke zu leihen oder die Ladung selbst besorgen zu wollen, welchem Begehr der Schultheiß nachzukommen hatte. Die von dem Fronboten vorgenommene Thätigkeit wird in den Quellen nicht selten als „vorboten“[7] bezeichnet und zwar scheint sie unter normalen Umständen in einer

---

Schöffen-R. III 2 c. 132 S. 121: der eyne kome vor den Richter und bete, das man em eynen fronebotin leye . . . . Freiberg. St.R. c. 30 § 4 S. 191.

[1] M. Sch.R. Wass. I c. 166 S. 98. M. Br. system. Schöffen-R. II 2 c. 35 S. 32.

[2] Vgl. PLANCK, I § 48 S. 349—357. SCHRÖTER, Abhandlungen S. 78, 79.

[3] Vgl. PLANCK, I 120, 349.

[4] So z. B. M. Br. system. Schöffen-R. II 2 c. 9 S. 24 u. oben S. 84 Anm. 3 Citierte.

[5] Wb. 46 § 3 col. 125. Mgd. W. II § 10 S. 232, Mgd. W. IV art. 6 S. 272. Blume Mgd. II 2 c. 73 S. 118. Mgd. alphab. Samml. Wass. c. 48 S. 19.

[6] Der Hergang ist ausführlicher beschrieben durch Glosse Wb. col. 363 z. 24.

[7] M. Sch.R. Wass. I c. 211 S. 106. Sch.U. Wass. III cap. 88 S. 240.

dreimaligen an den Schuldner gerichteten Mahnung bestanden haben, zu rechter Zeit am geeigneten Orte zur Verantwortung zu erscheinen. Dabei mochte es genügen, wenn der Vollstreckungsbeamte die Ladung einmal dem Beklagten persönlich überbracht hatte, bei Wiederholung konnte die Benachrichtigung in dessen Hause hinterlassen werden.[1] Bei Gästen und reisefertigen Bürgern durfte für das nötigenfalls außerordentlich berufene Gericht das Vorboten zu dreien Malen hintereinander am nämlichen Tage angebracht werden.[2] Ganz ähnlich muß sich der Vorgang in den benachbarten Städten abgespielt haben. Für Halle,[3] dessen Schöffenstuhl sich neben dem obengenannten des größten Ansehens erfreute, wird uns dies verschiedentlich bezeugt. Am ausführlichsten wird uns von der Ladung in den Goslarer Statuten berichtet, da dorten genaue, beinahe subtile Bestimmungen über die seitens des Fronboten einzuhaltende Zeit und Art ihrer Vornahme aufgenommen sind. Der Gerichtsbote darf nur am hellen Tage[4] vorbieten, daß heißt genauer zwischen dem ersten Läuten an der Marktkirche zur Frühmesse bis zum Schlagen der Wächterglocke beim Hereinbrechen der Dunkelheit. Der Schuldige soll fernerhin nur auf der Straße,[5] dem Markte,[6] in der eigenen Wohnung oder der eines anderen,[7] soweit diese nicht von der weltlichen Gerichtsbarkeit eximiert ist, wie z. B. Pfaffenhäuser, angesprochen werden. In letzteren Fällen muß der Bote sich vor Verletzung des Hausfriedens hüten. Er darf jegliche Behausung nur betreten, wenn er die Thüre offen findet, nicht ist ihm gestattet sie aufzuklinken und sich eigenmächtig Einlaß zu verschaffen.[8] Im Bier-

---

[1] M. Sch.R. Wass. I cap. 240 S. 116. Zur Erläuterung dieser Stelle verweise ich noch auf Planck, I S. 350, II S. 406.

[2] M. Br. system. Schöffen-R. II 2 c. 35 S. 32, 33: claget eyn wegevertig gast obir eynyn andirn ..... deme sal der richter adir syn vrone bote an eyme tage drystunt czu rechtir antworte gebiten. Vgl. Culm II 51 S. 35.

[3] Hallische Sch.B. III 1520 Bd. I S. 393, IV Abt. 2 1463 Bd. II S. 179. In späteren Jahren wird die Ladung schriftlich überbracht, V 123 Bd. II S. 254.

[4] Goslar. Statut. 63 z. 1ff.: Wanne men ludet de ersten klocken to mettene to dem markede, so mach de bodel vore beden: unde wanne man de wechterklocken ludet allererst, so ne scal men nemende mer vore beden, sunder gheste.

[5] Ibidem 64 z. 5ff.: Is de bodel up enem venstere unde süt enne in der straten, denne mach he wol vore beden.

[6] Ibidem 63 z. 7. Dort ist zunächst nur vom Schultheiß die Rede.

[7] Ibidem 63 z. 17—27.

[8] Ibidem 63 z. 9: De bodel ne mot vor der döre de to is nicht kloppen noch de klinken up don: kloppet aver en ander oder det de klinken up, mit deme mot he wol in gan unde vore beden. Der Gerichtsbote darf nicht einmal dann vorbieten, wenn er in berechtigter anderweitiger Veranlassung sich zwangsweise Einlaß verschaffte. Ibidem 65 z. 19. Anderseits vgl. 54 z. 16, 63 z. 17.

hause,[1] der Badestube und sonstigen öffentlichen Lokalen,[2] muß wer nicht ohnehin da wohnt, überhaupt unbehelligt bleiben, und ebenso ist es mit dem, welcher im Begriffe steht, dem Sturmsignal[3] Folge zu leisten. Mit kurzen Worten, der Büttel darf sich bei Ausführung seiner Pflicht keine Verletzung der Interessen anderer Unbeteiligter noch Gefährdung der allgemeinen Wohlfahrt[4] zu schulden kommen lassen.

Durchaus verwandte Erscheinungen finden sich bei den benachbarten Städten des weiteren Umkreises. In Danzig,[5] den Kommunen Kurlands z. B. Riga,[6] weiter südlich in Prag[7] und andern, wird die Vorladung ebenfalls durch einen eigens bestellten Gerichtsboten bewerkstelligt. Die Stadtrechtsquellen sind in dieser Hinsicht von einer seltenen Einmütigkeit.

---

[1] Goslar. Statut. 63 z. 12. [2] Ibidem 64 z. 1.

[3] Ibidem 65 z. 21: Wanne men to storme lut dat men vor de dör to der were komen scal, dar ne scal men .... nemende vore beden. Bei „Gästen" fallen wegen der notwendigen Beschleunigung eine Anzahl der genannten Einschränkungen weg, vgl. 63 z. 5, 64 z. 24 etc., Planck, I 355.

[4] Diese beiden Momente sowie der Schutz des Hausfriedens scheinen mir die Grundgedanken bei Erlaß der Einzelbestimmungen gewesen zu sein. Auf die Kontroverse, wie weit der dem Beklagten bequeme Ort (Planck, I S. 353) maßgebend sei, ist hier nicht einzugehen, da wir zu diesem Zwecke zu sehr von unserem eigentlichen Thema abirren müßten. Ich verweise außer auf Planck l. c. auf Göschen, Goslar. Statut. 386 ff. Osenbrüggen, E., Der Hausfrieden, Erlangen 1857, S. 37.

[5] Vgl. Danzig. Sch.B. 51 von dyngladungen S. 28: „unser gesworner gerichtisbote" hat die Ladung bei „scheynender sonne" persönlich dem Angeklagten zu überbringen. Hat er es nur „seyme gesinde gesaget", so vermag der Schuldige Nichtwissen vorzuschützen. Ibidem 52 S. 29: In was steten men die luwte zcu rechte laden sal. Ausgenommen wie oben z. B.: yn kyrchen, adir uff kirchhofen, noch yn keynen klosteren, ouch nicht yn gemeynen tanczhusern alse uffen koning Artus hofe, ouch nicht wo brutlag addir kyndelbiere seyn, ouch nicht yn gemeynen trinchuszeren als yn weynkelleren und offenbaren taverneu, anders denne den wirt, adir der myt ym vor gast zcu huwsze lieth, adir vor gesinde dinet; ouch nicht yn velen badestoben, noch yn gemeynen adir offenbaren schucze .... und trinkegarten; ouch nicht in pfaffenhuszeren, is were denne, ab wertliche luwte myt en zcu huwsze weren, und ouch nicht uff dem rathusze. In allen groszen heiligen tagen und ouch sust in allen heiligen tagen, dy von der heiligen kirchen geboten seyn zcu feyeren, sal men ouch nymandes laden zcu rechte. Vgl. auch Grimm, W. III Schwelm 27 ff.

[6] Rigaer Stadt-R. II 14: „So wanne en man vor richte geboden wert bi des stades boden". Ibidem art. 18: „Were dat jeman geladen worde vor den voget mit des stades boden". Abgedruckt bei Bunge, Curland S. 43 Anm. 185. Vgl. Poln. Rd. c. 3, 4 S. 9.

[7] Prag. Statut. 74 S. 49: ven ein putel einem vergepeut in das gericht. Ebenso Prag. Rb. 17 S. 107.

Nur für die Städte lübischen Rechtes ist gelegentlich eine Beteiligung des Gerichtsbüttels an dem Vorbringen des Beklagten geleugnet worden.[1] Wenn nun auch wirklich die dabei in Frage kommenden Rechtsausführen[2] uns nicht mit vollkommener Klarheit einen Einblick in die betreffenden Verhältnisse gewähren und eine direkte Mitwirkung eines Vollzugsorganes nicht erwähnen, so will es uns doch scheinen, als ob der Fronbote hier ebenfalls der Ladung nicht fern gestanden hätte.[3] Gestützt kann diese Annahme werden durch den Hinweis auf das verwandte Hamburger Recht,[4] bei dem der angewandte Ausdruck „voreboden"[5] eine Anteilnahme des Gerichtsvollziehers wahrscheinlich macht. Gleiches dürfte sich für Bremen[6] behaupten lassen.

Der Vollständigkeit halber sei noch angeführt, daß wie der Fronbote den Schuldner, so er unter Umständen nicht minder die Schöffen[7] zum Ding zu bitten hatte. Die Notwendigkeit einer besonderen Einladung hat aber hier nicht für alle Fälle bestanden. Jedenfalls durften sie bei freiwilliger oder zufälliger Anwesenheit in der Sitzung, dem auftretenden Kläger nicht unter Hinweis auf das Fehlen einer besonderen Vorbietung die Antwort weigern.

In der Gerichtsversammlung selbst, welcher der Fronbote beizuwohnen hatte,[8] übte er gleich wie im Landrechte eine ordnende und überwachende Thätigkeit aus. Zwar scheint er nirgends an der feierlichen Einhegung[9] des Dings beteiligt gewesen zu sein, in der Art, daß ihm nach dem Beispiele Westfalens etwa die Beantwortung der Eröffnungsfragen obgelegen hätte, aber trotzdem macht sich schon vor und neben Vollziehung dieses Aktes sein Wirken den Anwesenden bemerkbar. Er hat zu Beginn der Sitzung Stillschweigen zu gebieten[10] und für die erforderliche Ruhe zu sorgen, um einen ungestörten Gang der Verhandlungen zu ermöglichen. Weiter soll er dem Volke mit

[1] Vgl. Bunge, Curland S. 43 Anm. 185. [2] Vgl. Lüb. R. Cod. II 66 S. 276.

[3] Vgl. Planck, I 356. [4] Hamburg. St.R. anno 1270 IX art. 5 S. 50.

[5] Über vorboten vgl. Planck, I 349 Anm. 1. [6] Bremen Ord. 21 S. 76.

[7] Mgd. Fragen I 3 d. 9 S. 61: Ab eyn scheppe unvorbot zcu gerichte sulle komen I 3 d. 15 S. 66. M.Br. system. Schöffen-R. II 1 c. 13 S. 16. Culm. R. II, 13 S. 24.

[8] Freiberg. St.R. 36 § 4 S. 225. Di butele sullen in dem dinge sin, wenne der voit gerichte sitzet.

[9] Nach dem Wb. art. 16 § 1, 2 col. 87 hat in des Burggrafen Ding der Schultheiß das „erste orteil" zu finden. Vgl. auch Mgd. W. IV. art. 110 S. 306. Nach der Glosse Wb. der Berlin-Steinbecker H.S. bei Homeyer, Ri. S. 399 ebenso für das Burggrafen Ding; im Gericht des Schultheißen gehen die Hegungsfragen an die Schöffen. Bei Mgd. Fragen I c. 2 d. 1 S. 40 gehen dieselben vom „richter" ebenfalls an die „scheppin". Vgl. Burchard, Gerichtshegung S. 287.

[10] Freiberg. St.R. 36 § 4 S. 225. „Di butele sullen die lute heizen swigen."

lauter Stimme den Schluß der Hegung verkünden und damit anzeigen, daß nun die Zeit zum Vorbringen der Parteistreitigkeiten gekommen sei.[1] Damit dies in geordneter Weise geschehe, pflegte er Kläger und Beklagte der Reihe nach mit Namen vorzurufen.[2] Dies laute Gebot an die Parteien, heranzutreten und sich zu verantworten, hatte betreffs des Schuldners noch den besondern Zweck die Anwendung der Zwangsmaßregeln eines etwaigen Ungehorsamsverfahrens gegen ihn in Aussicht zu stellen. Zunächst mußte nämlich dessen thatsächliches Ausbleiben im angesagten Ding festgestellt werden, ehe ein Angriff gegen seine Person oder Güter gestattet wurde. Nachdem der Kläger bis zum Ende der Sitzungszeit gewartet hatte, erfolgt das Heischen des Schuldigen durch den Gerichtsbüttel „mit dissen worten: P. antwerte zu (frauwen) B. clage; zum ersten mole, zum andern mole, zum dritten mole, zum virden mole obir recht“ (Glosse Wb. col. 287 z. 5 ff.).[3] Erst hiernach hat der Gläubiger „einen Tag auf den Schuldner erstanden“,[4] beziehentlich wird die Ungerichtsklage gegen den Frevler weiterhin verfolgt.[5]

Dieselbe Tendenz einer durch den Fronboten gehandhabten Fürsorge für das gesetzmäßige Fortschreiten der Verhandlungen haben die dem Landrechte[6] entsprechenden Bestimmungen, der Gerichtsvollzieher solle auf Geheiß des Richters die zu lange im „Gespräche“ weilende Partei herbeirufen,[7] er möge den sich zum Kampfe Rüstenden zur Eile[8] mahnen und ähnliches mehr. Dagegen wird die weitere Frage, ob der Büttel die Verrichtungen eines Vorsprechers[9] übernehmen dürfe,

[1] Mgd. Fragen I 2 d. 1 S. 40. So sal denne des richters bote dem volke vorkundigen, das der richter mit den scheppen eyn ding gehegit habe, das eyn iczlicher syn ding fordern moge czuchtigliche mit bescheidenheit.

[2] Vgl. Mgd. Fragen l. c. Glosse Wb. col. 287 z. 4. Berlin. Stb. III § 10 S. 102. Freiberg. St.R. 36 § 4 S. 225.

[3] Vgl. noch Blume Mgd. I 159 bei Homeyer, Ri. S. 351. Dieses „Einheischen“ des Schuldigen bei Ungerichtsklagen ist besonders anschaulich im Freiberger St.R. geschildert. Z. B. bei Diebstahl und Raub cap. 21 § 1 S. 134: . . . So sal man si ineischen. Daz sal der butel tun also: „Ich eische in denselben Cunrat unde ouch den Ditrich umme den roup oder umme di dube, di den vride gebrochen haben, zu einem male, zume andern male, zume dritten male.“ Vgl. noch bei Wunden und „Heimsuchung“ c. 28 § 9 S. 173. Von der Klage des Richters um wunden cap. 30 § 5 S. 192.

[4] Vgl. Planck, I 351. II 280. [5] Vgl. Planck, II 304 ff.

[6] Vgl. Ssp. I 62 § 9; vgl. oben S. 41, 42.

[7] Mgd. W. II § 62 S. 242. Mgd. W. IV art. 105 S. 305. M. Br. system. Schöffen R. II 2. c. 52 S. 41. Culm, II 65 S. 40.

[8] M.B. system. Schöffen R. II 2 c. 63 S. 46. Culm. R. II 75 S. 43. Im Freiberger St.R. heißt es gelegentlich der Abgrenzung des Kampfkreises noch: „Nu di butele sullen den creiz ceten“ c. 27 § 15 S. 163.

[9] Über solchen vgl. Planck, I § 30 S. 194 ff.

soweit wir es zu übersehen vermögen, nur im Stadtrechte aufgeworfen. Dabei ist auch dorten die ergehende Entscheidung eine zwiespältige. Nach Magdeburger[1] Sitte scheint einer derartigen Verwendung des Vollzugsorganes, soweit sie der Erfüllung seiner Berufspflichten kein Hemnis bereitete, nichts im Wege gestanden zu haben. In Freiberg[2] anderseits glaubte man eine solche Thätigkeit dem Büttel untersagen zu müssen, in dem Gedanken, sie ließe sich mit seinem übrigen Thun nicht wohl in Einklang bringen.

Weit wichtiger noch sind die Nachrichten über die Fähigkeit des städtischen Vollzugsbeamten, Thatbestände seiner Praxis zu beurkunden. Vorgänge in und außerhalb der Dingversammlung waren Gegenstände seines Gerichtszeugnisses.[3] So hatte er vor allem bei Ausbleiben des Beklagten zu beweisen,[4] daß er denselben richtig zur Sitzung entboten habe. Dabei soll, wenigstens wie manche der älteren Quellen berichten, sein Wort allein nicht genügen. Er bedarf vielmehr zur Glaubhaftmachung der Zuziehung zweier Volksgenossen, welche seine Aussage mit ihren Bekundungen unserstützen.[5] In späterer Zeit scheint man dann immer mehr auf dieses letztere Erfordernis verzichtet zu haben.[6]

Was hinsichtlich der Ladungen gilt, wird auf gleiche Weise für andere vom Vollzugsorgane vorgenommene Handlungen angewandt. So wird um ein Beispiel[7] anzuführen, die Versprechung eines Gutes,

[1] Mgd. Fragen I 5 d. 3 S. 82. ... Der vronebote mag wol vorspreche syn, also das her sich beware, das her der dinge keyns vorsume, dy zcu syme ammechte gehoren, do her czu gesworn hat unde ouch dy lute nicht vorsume an den sachen, der her sich undirwindet mit rechte uszczustehende. Vgl. aber auch ib. I 5 d. 4 S. 83.

[2] Freiberg. St.R. 36 § 4 S. 225: di butele sullen nimandes wort sprechen, di wile si butele sin.

[3] Einen schönen Einblick in die Anteilnahme des städtischen Büttels an Beurkundungen und seine Mitwirkung bei freiwilliger Gerichtsbarkeit gewährt für ein benachbartes Gebiet die Mainzer Sammlung von Gerichtsurkunden aus der ersten Hälfte des XV. Jahrhunderts. Vgl. Hallein, Mainzer Gerichtsformeln aus dem XV. Jahrhundert, Würzburg (Gnad) 1891, z. B. VI. n. S. 21. XVIII. c. S. 78. XIX. a. S. 81.

[4] Glosse Wb. col. 286, 41 ff., .. spricht der richter zu dem boten: „hastu en zu dinge geladen u. s. w."

[5] Glogau. Rb. cap. 49 S. 7: Wer ding leth gebiten ap sin der antworter leucken wil daz mag der antworter bacz beczugen mit czweygen nackbern unde mit dem froneboten wenne jener mit seyme leuken dor vor mag getreten; ibidem cap. 53 S. 8, ebenso Goslar. Statut. 64 z. 10, 15; indirekt auf Zuziehung anderer Personen hindeutend.

[6] M. Sch. R. Wass. I c. 240 S. 116. Hallisch. Sch. B. IV. Abteil. 2; 1463 Bd. II S. 179: ... sint dem male daz der vronebote bekante, daz her ym czu deme dinge geboten hatte ...; ibidem V. 123 Bd. II S. 254. Danzig. Sch.B. 51 S. 28.

[7] M. Sch. R. Wass. I c. 166 S. 99 ausführlich: ... Hat der voyt nicht ge-

die Ankündigung der für Forderungen verfügten Arrestlegung, durch das Zeugnis des Fronboten, zu dessen Obliegenheiten sie gehört hatte, bestätigt. Und zwar wird auf seine Aussage der größte Nachdruck und Wert gelegt, nicht nur daß sie das Wort des Richters, der in eigener Angelegenheit die „Besetzung" verordnet hatte, bei Widerstreit der Interessen zu überwinden vermag, sie darf auch nicht nach Belieben durch das Bekenntnis eines andern,[1] etwa des Gerichtes Schreiber, ersetzt werden. Ebenso ist es mit der Bekundung von Parteihandlungen zum Zweck der ordnungsgemäßen Einleitung und Fortsetzung der Verhandlung. Auch hier wird der Büttel zum Zeugnis, daß die Klage rechtzeitig vor ihm erhoben sei, gehört. Besonders wichtig ist dies, wenn es sich um Gewinnung der Vorteile handhafter That oder der Vorklage handelt. Ja in diesem Falle soll sogar, wenigstens nach Magdeburger Rechtsgewohnheit,[2] der vor ihm an echter Dingstatt, binnen die vierbenke, aufgenommene Augenschein mehr vermögen und beweiskräftiger sein, als die im Hause des Richters angebrachte Klage.[3] Verwandt hiermit ist die Nachricht, der Fronbote habe, nachdem der Richter den verwundeten Kläger sich beschaut habe, dafür Sorge zu tragen,[4] daß auch zwei Schöffen ihn besehen möchten, um

czeugnis zeyner ersten vorsprechunge mit seynen froneboten der czu gerichte gesworen hat . . .; ibidem c. 247 S. 120: Wenne eyn richter gut undir eynem manne vorsprechen wil noch rechte zo sal her . . . . den froneboton dor zcu nemen dorummb moget ir mit dem manne alleyne noch mit hulffe des richters schryber die vorsprechunge nicht geczeugen . . .

[1] Mit Ausnahme der Nachbarn (nesten nackewer) vgl. M. Sch.R. Wass. I c. 166 S. 99 oben; c. 247 S. 120.

[2] Mgd. Fragen I 2 d. 12 S. 46. Wb. 81 col. 147. Mgd. W. IV art. 30 S. 281. Glosse Wb. col. 400 z. 27ff., an letzterer Stelle wird zugefügt: Disse constitutio hat keiser Otto gesazt.

[3] Umgekehrt hat nach Freiberger StadtR. immer der die Vorklage, welcher zu Haus und Hof des Richters geklagt hat; vgl. c. 33 § 1 S. 218, auch Planck, I 809.

[4] Interessant sind die Ausführungen des Danziger Sch.B. in dieser Hinsicht p. 4 S. 6: wen imands vorwundet und vorsmerczet das gerichte besuchet, so is des schultissen knecht (wohl der Fronbote der a. a. O. „gesworne gerichtisbote geheißen wird vgl. S. 28 von Dyngladungen). pflichtig denselben vorwundeten adir vorsmerczten zcu czwen scheppen zcu brengen, die en beseen, und des schultissen knecht wen vorwunte und vorsmerczte lute das gerichte besuchen, sal sie nicht allewege zcu zcwen scheppen, do her vor gewest is, henfuren adder brengen, sunder sal dy companie ummeczech besuchen yo zcu zcwen und zcwen, bis das her ummekompt, uszgenomen den alderman und seynen compan, is were denne notsache, und des schultissen knecht sal dy gewunten lute brengen, zcu welchem artczte das sie selbist begeren; wer abir keynen artczt weis, der sal zcu des richters artczte gebracht werden, und des schultissen knecht sal do von keynem gelt nemen. — Hierher gehört auch eine Bestimmung des Freiberg. St.R. Bei Tötung von Fremden, oder auf Antrag

diese in die Lage zu versetzen in der Gerichtsversammlung von der That Zeugnis abzulegen. Dornoch sal yn der vronebote losen besehen von czwen scheppin, dy in gehegetem dinge ir geczugnisz thun und bekennen der worheit (Mgd. Fragen I 2 d 2 S. 41). Als weitere im Landrechte nicht gekannte Funktion des Büttels wird noch seine Befugnis erwähnt, dem Richter bei einer benötigten Haussuchung Hilfe zu leisten.[1]

Kommt es bei diesen letzteren Handlungen auch weniger auf eigene Beobachtungen und Aussagen des Gerichtsvollziehers an, so stehen sie doch mit den obengenannten ihm obliegenden Beurkundungen im engsten Zusammenhang, da sie insgesamt berufen scheinen, gerade durch seine Zuziehung die Gewährleistung beziehentlich Vervollständigung des geforderten Gerichtszeugnisses zu ermöglichen. In gleicher Weise wird er in Anspruch genommen, sobald es sich um Vorgänge handelt, welche sich innerhalb des gehegten Dinges abspielen.[2] Nur betreffs des einen Punktes, der Ausspielung des mit Unterstützung des Vollzugsorganes gewonnenen Zeugnisses gegen den Richter, wissen die stadtrechtlichen Quellen[3] nichts zu berichten. Von seiner Ersetzung durch den Fronboten, wenn er Nichtwissen vorschützte oder sich eine Rechtsverweigerung zu schulden kommen ließ, ist nirgends die Rede. Man scheint sich in diesen Fällen auf anderem Wege geholfen zu haben.[4]

Bezüglich der Art und des Inhaltes der Schwurformel ist nichts neues zu sagen. Gleich dem Fronboten der Landgerichte legt der städtische Gerichtsvollzieher das von ihm jeweils geforderte Gelöbnis unter Berufung auf den früher geleisteten Amtseid ab.[5] Nur die

---

der Witwe der Erschlagenen bez. Verwundeten, dessen Verwandte nicht klagen wollen, erhebt der Richter die Klage. Dazu muß er mit Eiden gewonnen werden. Zu dem Zweck „sal der richter boten senden darzu dri man unde einen butel, der den eit stabe". (c. 30 § 4 S. 191.) Übrigens stabt der Büttel auch dorten im Ding den Eid: butele sullen eide staben, 36 § 4 S. 225.

[1] Glosse Wb. col. 286 z. 15 ff. Vgl. noch Planck, I S. 768.

[2] Mgd. Fragen I 2 d. 12 S. 46.

[3] Vgl. Ssp. Landrecht II 22 § 1, 2. Daß damit das Berliner St.B. III 7, 8 S. 188 beinahe wörtlich übereinstimmt, beweist nichts gegen unsere Behauptung, da die Stelle nicht eine partikuläre Rechtsgewohnheit wiederspiegeln dürfte, sondern einfach aus dem vorgenannten Rechtsbuch übernommen ist. Auch der andere Satz des Berlin. St.B. III § 10 S. 102 des Fronboten Wort gelte doppelt, wo man mit 7 Mann zeuge steht im stadtrechtlichen Quellenkreise ziemlich vereinzelt da. Vgl. nur noch Grimm, W. III Schwelm 29.

[4] In Mgd. W. II § 35 S. 236. Mgd. W. IV art. 27 S. 280; art. 96 S. 302 liegt die Vertretung den Schöffen ob. Bei Ausziehung aus der Verfestung kann der sich weigernde Richter sogar durch einen „dingmann" ersetzt werden. Mgd. W. IV. art. 11 S. 274; vgl. noch Planck, II § 118 S. 159 ff.

[5] Z. B. Danzig. Schb. von dyngladungen S. 28. . . . des mag en ouch

Magdeburger Fragen machen hierbei eine Unterscheidung. Für Vorgänge im Ding halten sie zwar an der oben genannten Bestimmung fest. „Wil abir der richter ... der vronebote, .. sy haben ir ammecht vorlossen adir nicht, icht geczugen sullen, das sy bussen gerichte gesehn haben, do muszen sy besunder eyde czu thun als ander luthe (I 2 d. 12 S. 47).

Wenden wir uns nunmehr der eigentlich exekutiven Thätigkeit des Fronboten zu! Die Tendenz des Stadtrechtes[1] ging dahin, dem vorsorglichen Zwange eine lebhaftere und ausgedehntere Entwickelung zu geben, und war das Bestreben, in dieser Hinsicht Vorsorge zu treffen, um so weniger verwunderlich, als bei der wechselnden Bevölkerung, den nicht angesessenen und nur vorübergehend im Weichbilde weilenden Gästen die Möglichkeit einer endgültigen Befriedigung mit weit größeren Schwierigkeiten verknüpft war, als im Kreise der erbeingesessenen Landbewohner. Es war ganz natürlich, daß der zum Vollzug besonders geschaffene Beamte, in erhöhtem Maße zur Erledigung der neuen Aufgaben herangezogen ward. Nebenbei ist aber auch die Art und Weise seiner Zuziehung eine vom Landrechte sich unterscheidende geworden. Während er dorten zu seiner Pflicht mit „ordelen“, also mit ordentlichem gerichtlichen Verfahren, gewonnen werden mußte, wird er im Stadtrechte in der praktischen Anwendung vorzugsweise auf einfaches Geheiß des Richters, im Notfalle selbst auf einseitigen Antrag des Klägers thätig. Zum Beweise dieser Behauptungen müssen wir wieder einige Quellenbelege anführen. Für das Gebiet des Magdeburger Rechtes heißt es knapp und prägnant: „nymand mag mit gewalt sunder den richter adir richters boten synen schuldiger uffgehalden“ (Mgd. Fragen II, 2 d. 20 S. 167). Thut er es doch, so muß er ihm die Buße, dem Richter die Wette zahlen.[2] Aber auch dies nur mit Ausnahmen, denn unter Umständen mag die bloße Zuziehung des Büttels ohne vorgängige Erlaubnis des Richters genügen. Ist eyn man dem anderen icht schuldig in wichbilde, so sal er nemen den vroneboten, unde sal en vor den richter brengen (Wb. 34 Col. 109). Gelegentlich wird der Schuldige zunächst in den „Stock“,[3] das städtische Gefängnis, geführt,

---

unser gesworner gerichtisbote wol obirczeugen bey seyme eyde, den her dem gerichte zcu seynem ampte getan hat . . . .

[1] Vgl. Planck, II § 151, 152 S. 371—402.

[2] Culm II 55 S. 38: tut her is doboben, her mus ym syne busse geben und deme richter syn gewette.

[3] Sch. U. Wass. III cap. 94 S. 242: „hindert eyn man dem andern mit dem schultissen adir mit seynem boten und furte en yn den stock . . .: ibidem cap. 93 S. 242. Über städtische Gefängnisse vgl. z. B. Alwin Schultz, Deutsches Leben im XIV. und XV. Jahrhundert, Wien (Tempsky) 1892, S. 31ff

wie denn überhaupt seine Haft, falls er nicht angesessen ist und keine Bürgen stellen kann, bis zum nächsten Gerichtstage fortdauern soll (Wb. c. 34 Col. 109. c. 27 § 1—3 Col. 103).

Ganz ähnliche Bestimmungen finden sich für Freiberg. Dorten heißt es ebenfalls vom Büttel, es sei seines Amtes, einen Mann aufzuhalten und zu verbürgen[1] (Cap. 36 § 1 S. 225). In der Mehrzahl der Fälle dürfte sich der Vorgang in der Weise abgespielt haben, daß der Gläubiger in Begleitung des Vollzugsorganes sich in die Behausung des Schuldners begab und diesen aufforderte, sich dem Gerichte zur Verantwortung zu stellen. Meist wird dieser sich gefügt haben und freiwillig mit den beiden gegangen sein oder aber Bürgen für sein Erscheinen gestellt haben. Weigerte er sich jedoch dessen, so ist es zwar gestattet, ihn durch den Büttel festhalten[2] zu lassen, damit er sich nicht entferne, dagegen ist es nicht erlaubt, ihn durch den Fronboten gewaltsam wider seinen Willen vorführen zu lassen.[3] Kam es bei einem trotzdem unternommenen Versuche zu Thätlickeiten, dann ging der Schuldige straflos aus, he wert sich ouch denne keines gerichtes nicht; wende der butel ist ein butel, he ist kein richter nicht, wie bekräftigend hinzugefügt wird (Freiberg. Stadr. 33 § 17 S. 221). Ist eine Inhaftierung von längerer Dauer benötigt, etwa daß die Sache erst in der nächsten Dingversammlung verhandelt werden kann,[4] so hat für deren richtigen Vollzug wiederum der Vollstreckungsbeamte zu sorgen.[5]

---

[1] Über die wechselnden Ausdrücke für das Festhalten des Schuldners als hindern, bestetegen, ufhalden etc. Vgl. Planck II 377.

[2] Dies schon um deswillen, da es selbst dem Kläger allein gestattet ist, den Angetroffenen mit Gewalt festzuhalten, daß er stillsteht, solange bis der Richter kommt. Vgl. Freiberg. St.R. cap. 33 § 16 S. 220: Ist daz ein man den anderen ansichtic wirdit, der im schuldic ist, unde hat he des gerichtis bi im nicht he mac wol sprechen mit rechte: „Junger man, steht, biz daz der richter oder sin bote kumit.“ Wil he is denne nicht tun, ist he also starc, he mac in wol ufhalden mit gewalt an sinen danc (wider seinen Willen) suchtekliche, he missetut dran nicht. He sal in abir nirgen vuren wider sinen willen. Wil he gutlichen mit im gen zu gerichte, iz si mit dem butele oder ane butele, daz tun si ouch wol mit rechte.

[3] Freiberg. St.R. cap. § 3 § 17 S. 221 u. l. c.

[4] Ibidem cap. 36 § 2 S. 225. Di butele sullen eime iklichem manne, der besezzen ist oder zu der stat gehoret, sinen diep halden oder sinen rouber ane lon biz zu dem nehisten dinge. Unde einen iklichen gevangenen umme schult oder worumme iz ist sullen sie halden ane lon unde ane hute biz zu dem neisten dinge zu rechte.

[5] Hamburg. St.R. IX 8 S. 52: Mer ne heuet en man nenen borgen, so schalde woltbode ene selten in dat yseren wente to deme nagesten dinge. Lübeck. St.R. cod. III 359 S. 521 ebenso beinahe wörtlich übereinstimmend.

Nicht anders ist es schließlich in den alten Hansastädten wie Hamburg und Lübeck. Auch hier wird der Festgehaltene, welcher keine Bürgen zu setzen vermag, durch das Vollzugsorgan gefangen gesetzt und bis zur nächsten Gerichtsversammlung „in Eisen gelegt“. Ebenso wie bei den Klagen um Schuld, ist es in anderen Fällen, z. B. bei Erhebung des Gerüftes.[1] Auch bei solcher Gelegenheit zielt die spätere Übung der Städte dahin, die Ergriffenen dem Gerichtsvollzieher zur Bewahrung anzuvertrauen. Und zwar soll diese Ausantwortung spätestens am folgenden Tage vorgenommen werden, wenn der Gläubiger der Gefahr, womöglich Buße und Wette zahlen zu müssen, entgehen will.[2]

Weiter leiht dann der Fronbote bei der Vorbereitung und Sicherung der Vermögensexekution seine Hilfe.[3] Er wird zum Besetzen[4] des Gutes entboten und zwar wieder im Gegensatze zum Landrechte, ohne daß er dazu durch vorgängige Verhandlung vor versammeltem Gerichte gewonnen werden müßte.[5] Meist wurde wohl der Richter von dem Gläubiger unter Benennung seiner Schuldforderung mit der Bitte angegangen, einen Büttel zur Vornahme der Sperrung zu „leihen“.[6] Letzterer hatte sich auf Geheiß der ihm anvertrauten Aufgabe willig zu unterziehen. Schwieriger war die Entscheidung, wenn mehrere Kläger auf verschiedenem Wege dem nämlichen Ziele zustrebten. Die Magdeburger Fragen (I 2 d. 1 S. 154) erzählen hierzu ein interessantes Beispiel: „von besaczunge vier personen uff eynis mannis gut, wer der erste besessir bleibe.“ Der eine wendet sich an den Richter mit der Bitte, er möge ihm die Hilfe eines Boten gewähren. Da zur Zeit keiner zur Hand ist, wird er auf einen passenderen Moment vertröstet. Der zweite kommt, gewinnt einen Büttel und besetzt früher als sein Vorgänger das betreffende Gut. Jedoch stellt sich späterhin heraus, daß er irrtümlich nur durch einen Privatuntergebenen des Gerichtshalters bedient ward. Ein dritter erlangt unterdes ohne Vorwissen des Richters die Unterstützung des geschworenen Fronboten. Der letzte endlich eilt zum gehegten Ding und bringt dorten sein Begehr vor. „Welchis

---

[1] Mgd. W. IV art. 81 S. 297. Görlitz. L.R. 35 § 3 S. 190: Swelich man den andirn gevangin hat, unde in der gevancnisse heldit lengir den einen tag unde eine nacht, also daz er in vor daz gerichte nicht ne vorit, odir daz er in dem butile nicht antwerdit zo behaldine ....

[2] Vgl. Planck, I 770; II 359, 367, 368.

[3] Mgd. Fragen I 5 d. 3 S. 82. Freiberg. St.R. cap. 36 § 3 S. 225. M. Br. system. Schöffen-R. III 2 c. 129 S. 119 u. c. 132 S. 121.

[4] Andere Ausdrücke: aufhalten, bekümmern, verbieten, versperren u. s. w.

[5] Vgl. Planck, II 379.

[6] M. Sch.R. Wass. I c. 211 S. 107.

mannis undir den viren ansprechern ansproche vor dem andern moge gesyn ader bund unde crafft gehabin moge?“ Die Schöffen entscheiden: „Des dritten mannis vorbiten mit dem geswornen boten sal crafft unde macht habin, wenne is sal keyn man des andirn gut vorsprechen noch vorbiten wen der richter adir syn vronebote, der zcu dem gerichte gesworen hat.“ Wir haben die Stelle etwas ausführlicher betrachtet, weil sie einmal zeigt, welch großen Wert auch noch die Städte auf den Beamtencharakter ihres Vollzugsorganes legten,[1] und weiter, wie dessen Thätigwerden ein verhältnismäßig selbständiges war und nur hinter einem direkten und persönlichen Eingreifen des Richters zurückzustehen hatte.[2] Dabei ist der Fronbote in gleicher Weise berechtigt, fahrende Habe wie Liegenschaften, Erbe und stehendes Eigen in Beschlag zu nehmen.[3]

Von der Vorsorge wenden wir uns zur Nachsorge, von der Sicherung zur zwangsweisen Befriedigung der Rechtsansprüche. Als Ergänzung des bezüglich des Fronboten bei Betrachtung der landrechtlichen Verhältnisse Gesagten ist nur wenig beizufügen. Pfändung[4] der Mobilien und Fronung der Immobilien ward, gleichwie wir es oben gesehen haben, unter Obhut des Vollzugsorganes vorgenommen. In den weitaus meisten Fällen wurde er hierzu durch ordentliches gerichtliches Verfahren[5] gewonnen. Bei kleineren Objekten mochte er hier und

---

[1] Ein ungeschworener Bote genügt, wie die Ausführung der Mgd. Fragen zeigt, ja selbst dann nicht, wenn er vom Richter beauftragt wäre.

[2] Vgl. für Goslar. Statut. 65, 18. 63, 40. 110, 13, 16. Planck, I 97, II 380.

[3] M. Sch.R. Wass. II I d. 90 S. 122: Der Schultis ader seyn vronebote zal uor eyn stende erbe geen unde das besetczen uor des clegers schult die her do benumet unde neme des dy nakebure by obene unde by nedene zcu geczuge ..... Auf weitere Details der Ausführung der „Bekümmerung“ und deren Voraussetzungen einzugehen, müssen wir uns leider im Rahmen unserer Abhandlung versagen, da dies uns zu weit vom eigentlichen Thema abführen möchte. Nur sei noch erwähnt, daß im Notfalle der Gläubiger selbst ohne Fronboten vorgehen darf. Lübeck. St.R. cod. I 49 S. 200: *Si quispiam facultates aliquas occupare debuerit, et preconis copia pollere non potuerit, si sibi duos viros bonos adhibeat, occupatio stabit, usque dum preconem primum adducere potuerit.* Ebenso Lübeck. St.R. cod. II 148 S. 321. Für den Vollzug der Besetzung ist noch zu verweisen auf die Schilderungen im M. Sch.R. Wass. I cap. 166 S. 98, cap. 211 S. 107, 108, cap. 247 S. 119. Über die Ablehnung der Verantwortlichkeit seitens des Eigentümers eines Gasthofes vgl. Stendal. U.B. IIIa S. 14.

[4] Opp. Tuit Grimm, W. III 1. Deuz Grimm, W. III 5.

[5] Blume Mgd. II 2 c. 211 S. 139: Queme ein richter und wolde einem pfandes helfin odir der fronebote, do er mit rechtin urteilin czu gebrocht wurde, werete sich ienr pfant czu geben wider recht: er muz dorum wettin und buze gebin, ob man iz uf in brengit, alz recht ist. Deuz Grimm, W. III 5. Wegen der innegehaltenen Reihenfolge ist interessant Blume Mgd. cap. 212 S. 139: Queme

da auch ohne ein solches zum Vorgehen ermächtigt werden.[1] Seine Thätigkeit wird weiterhin, abgesehen von der zunächst benötigten Beschlagnahme, nicht selten ganz ebenso für die fernere Bewahrung und Verwertung[2] der angegriffenen Sachen in Anspruch genommen worden sein. Freilich war dies nicht ganz in dem Umfange der Fall wie im Landrechte,[3] da die Städte häufig dem Gläubiger die Pfandobjekte zur Versilberung überließen.

Weit wichtiger ist die Frage, ob dieser selbe Vollstreckungsbeamte, den wir seither betrachteten, auch mit dem Vollzuge der peinlichen Strafen betraut war.[4] Maurer scheint nicht dieser Ansicht zu sein, denn, nachdem er in der Geschichte der Städteverfassung[5] von dem Civilgerichtsvollzieher gesprochen hat, fährt er fort: „Seitdem die Städte die Kriminalgerichtsbarkeit erworben hatten, seitdem hatten sie auch Henker, Scharfrichter und Nachrichter zum Vollzuge der von dem Stadtgerichte oder Stadtrate erlassenen Straferkenntnisse." Wir bringen der Behauptung, einer von Anfang an bestehenden absoluten Trennung der Vollzugsgeschäfte, Zweifel entgegen. In irgend welchem Zusammenhange mit der Vornahme der Hinrichtungen dürfte der Fronbote wohl gestanden haben, solches läßt sich trotz der Spärlichkeit der einschlägigen Nachrichten mit ziemlicher Sicherheit erkennen.

In Freiberg finden wir die auch anderswo,[6] namentlich im Landrechte bekannte Sitte, daß dem „butel" neben seinen übrigen Funk-

ein richter odir sein bote uor eins mans houz unde solde einem pfandes helfin um schult, do er mit rechten urteilin czu gewonnin wirt, und vint nicht varende habe: eir mag ienen nach siner bewisunge weisin czu dez mannes czinsin, ob er dy hot; hot er ir nicht, man weisit in czu der gewere; domit sol er sein pfantrecht tun al daz recht, daz recht ist ob dy gewere seine sy. Vgl. noch ibidem cap. 213 S. 139, c. 210 S. 138. Berlin. Stb. lehnt sich eng an Ssp. an vgl. S. 108 § 3, S. 102 § 10.

[1] Vgl. Lüb. St.R. cod. IV 57 S. 574.

[2] Über das Aufbieten verfallener Pfänder durch den Fronboten giebt das Freiberg. St.R. einen guten Bericht I § 37 S. 36 ff.: Ist aber, daz di pfant sint eines uzmannes, eines bercmannes oder eines geburis oder wes si sint vonme lande, so sal si der butel uffen marct tragen unde sal erhafte lute darzu nemen unde sal sprechen: „Dise pfant sint geeigent disem manne, als recht ist, daz uch daz wizzelich si." Queme noch imant, der si losen wolde, he gebe si im zu losene hute, alse recht ist. Kumit aber nimant, der si lose, si sint sin eigen mit rechte .... Vgl. ibidem cap. 42 § 14 S. 243.

[3] Vgl. die bei Planck, II S. 251 Anm. 4 Citierten. Über weitere Einzelheiten v. Meibom, Pfandrecht S. 71—131.

[4] In Goslar (Stat. 52, 27) kündigt der Büttel auch noch die beabsichtigte „overhöre" im Ungehorsamsverfahren, vgl. Planck, I 97, II 275 ff.

[5] Maurer, Städteverfassung III S. 585.

[6] Vgl. Brunner, R.G. I 175, II 474, 601. Schröder, R.G. § 36 S. 331.

tionen, deren wir oben gedachten, die Bestimmung der Arten von Leibes- und Lebensstrafen bei Verurteilten obliegt. So heißt es z. B. gelegentlich einer Entführung, nachdem die geraubte Jungfrau es ablehnte, den Thäter zum ehelichen Manne zu nehmen und hierdurch ihm den Frieden wieder zu gewinnen, „damite ist daz urteil gegeben uber sinen hals, daz man nicht me darf tun. Man vrege ot, wi man ubir in zu rechte richten sulle. Daz sal der butel vinden mit dem swerte (Freiberg. St.R. 5 §. 8 S. 59). Die Strafe selbst wird demnach kraft Gesetz oder Gewohnheitsrecht verhängt, die Weise ihres Vollzuges festzustellen liegt dem Vollstreckungsbeamten ob. Genau so scheint es in einer Reihe anderer knapper gefaßter Fälle[1] gewesen zu sein, in denen der Büttel ohne weiteres gefragt wird, wie man den Verbrecher „zu rechte richten sulle“. Vielleicht läßt sich schon hieraus nicht mit Unrecht schließen, dem Fronboten habe nicht nur ein Bestimmungs-, sondern auch ein Oberaufsichtsrecht über Hinrichtungen zugestanden. Dazu kommen noch die im Berliner Stadtbuche erhaltenen Berichte. Dort heißt es einmal,[2] ok sal di bodel, wen he ymande tu kake[3] sleit, nicht er uphoren, die heren heitent dan em muntliken uphoren, wodurch untrüglich erwiesen ist, er habe bei den Geschäften des Prangers die manuellen Dienstleistungen besorgt. Weiter werden unter den Einnahmen des Büttels Bezüge für Hängen, Enthaupten, für schlichtes Verbrennen und in der „Kupe zu braten“, für Rädern und Eingraben erwähnt.[4] Daß unter der in diesen Stellen „bodel“ genannten Person keine andere zu verstehen sei, als der sonst meistens vronebode geheißene Beamte, dafür bürgt III § 13 S. 105 des Berliner

[1] Vgl. ibidem Münzfälschung 7 § 6, § 7 S. 82: .. Der butel sal sin urteil teilen also: wen iz ungerechte pfenninge sint uf diz ysen geworcht, so sal man im di rechte hant abeslan; ist iz abir valsch silber, cupfer, mathan oder cupferine pfenninge, so sal he in verteilen mit dem vure (zum Feuertod verurteilen). Diebe 19 § 14 S. 126: Der (butel) sal teilen mit dem strange oder mit der wide. Räuber 20 § 6 S. 132. Vgl. noch 22 § 4 S. 138, 28 § 14 S. 180.

[2] Berlin. Stb. III § 27 S. 153.

[3] Über Kak, kaak, gak vgl. Haltaus, Glossar 1055ff.

[4] Auf einen Zusammenhang des Berliner Büttels mit dem Strafvollzug deutet vielleicht auch noch die ihm übertragene Pflicht, die am Leibe gestraften Verbrecher Urfehde schwören zu lassen (Berlin. Stb. S. 1). Bodel-orveide: Dy bodel staveld ok orveide dengenen di gnade geschyd, als dy den stein dragen, und di stupe liden, dy de ogen werden utgebroken, di de oren gelosen, oder dorch dy thenen gebrand werden. Vor dat dor stavelt he em den eed und sprecht: Umme di bosheit di du hest began, dar umme bist du genedeliken getuchtiget, des salt tu met wrake nummermer in arge gedenken, und salt di stad ynmer myden, di wederfare dan von den heren gnade. Als werliche help di god und syn hilgen.

Stadtbuches, wo zum Abschluß längerer Erörterungen bemerkt wird: „Des is nu von den richter, von den schepen, vorsprekers und bodel genuch gesecht, di dar sint personen des gherichtes und des rechten“. In den vorhergehenden Paragraphen[1] wird jedoch nur von Richter, Schöffen, Vorsprecher und dem „vroneboten“ gesprochen. Dieser Thatsache gegenüber bleiben zwei Möglichkeiten. Entweder wir behaupten, der Verfasser des betreffenden Schöffenrechtes habe die Titel verschiedener Beamtenklassen sinnlos durcheinandergewürfelt, oder, da dies nicht gut angängig ist, wir bekehren uns zu der Annahme, Civil- und Strafvollstreckung seien der Sache nach ungeteilt einem, bezüglich bei Überlastung mehreren Gerichtsvollziehern überwiesen gewesen. Damit soll gewiß nicht gesagt sein, dem Fronboten habe immer und überall bei Vollzug von Leibes- und Lebensstrafen die Verrichtung der manuellen Dienstleistungen obgelegen. Im Gegenteil mag namentlich beim Ausgange des Mittelalters es meist zu einer Abtrennung der eigentlichen Henkersarbeit von den übrigen Vollstreckungsgeschäften gekommen sein. Es soll vielmehr nur der These, als ob in den Städten stets von Anfang an das Scharfrichteramt streng von dem sonstigen Gerichtsvollzieherwesen getrennt worden sei, entgegengetreten und darauf hingewiesen werden, daß eine solche Behauptung sich aus den vorliegenden Materialien jedenfalls nicht erweisen läßt.

Bezüglich einer rechtlichen Sonderstellung des städtischen Vollzugsorganes ist zunächst zu beobachten, daß ihm, ähnlich wie seinem Kollegen im Landgerichte,[2] bei Verletzungen die doppelte Buße geschuldet wird. Und zwar muß damit jede ihm als solchem oder bei Ausübung seines Amtes zugefügte Beleidigung geahndet werden.[3] Ein Beispiel hierfür erzählen die Magdeburger Fragen. Ein Büttel war durch einen Vorsprecher beschimpft worden; die Schöffen erkannten infolgedessen für Recht: „Welchir vronebote den vorsprechen umb dy wort beschuldiget, das her ym czu smaheit getan habe unde gesprochen, bekennet her ym denne, das den her missehandelt hat, so sal her ym czwefeldige busze gebin, das sint LX schillinge, hie XXX schillinge, sintdemmole daz der vronebote zcu deme gerichte gekorn ist unde

---

[1] Vgl. Berlin. Stb. III § 10 S. 102ff.

[2] Vgl. Ssp. I 8 § 2 und ebenso dann Berlin. Stb. III § 10 S. 102.

[3] Vgl. noch Lüb. R. cod. I 55 S. 202: *De precone male tractato. Si preco civitatis in obsequio burgensium indebite tractatus fuerit duplo maior compositio ipsum indebite tractanti incumbit quam alii* u. cod. IV 57 S. 573. Beispiele für die Ausführung der wegen Verletzung des Büttels angedrohten Strafen vgl. Verzählbuch der Stadt Freiberg (Freiberg. U.B. III 183,36 n. 17, 186 n. 67, 186 n. 77, 193,39 n. 234, 241,29 n. 1300 u. passim). Vgl. noch poln. Rd. S. 14.

dorczu gesworn hat" (Mgd. Fragen I 5 d. 4 S. 83). Die Quelle und Ursache des erhöten Schutzes ist demnach in seiner amtlichen Stellung, welche ihm eine gewisse Unverletzlichkeit sichert, zu suchen. Der Zweck desselben ist, ihm getreue Pflichterfüllung zu ermöglichen, welche bei der wachsenden Animosität der städtischen Bevölkerung gegen die Vollzugsorgane immer schwieriger ward. Der Charakter einer dem Büttel gewährten staatlichen Hilfe tritt am schärfsten in Goslar zu Tage, wo, abgesehen von der verwirkten Buße, der Frevler noch in eine für den Rat bestimmte Strafzahlung verfällt.[1]

Über Kleiderordnungen,[2] wie sie gegen Ende des Mittelalters üblich wurden, ist für unsere Periode noch nichts zu bemerken. Dagegen werden ziemlich zahlreiche Notizen über mannigfache Einnahmen des städtischen Büttels überliefert. Zwar sind in Magdeburg[3] die dem Fronboten nach Landrecht (Ssp. III 56 § 3) garantierten Schillinge für seine Mitwirkung bei Auflassungen den Schöffen zugefallen, trotzdem scheinen im allgemeinen seine Bezüge nicht allzu kärglich zu fließen. Das Freiberger Stadtrecht, welches auch sonst wertvolle Nachrichten über das Vollzugsorgan uns mitteilt, stellt dessen Einnahmen recht vollständig zusammen. Für Aufbieten von Pfändern[4] soll der Gerichtsvollzieher einen „pfenninc",[5] bei Aufgabe von Immobilien,[6] (anders wie in Magdeburg), die gleiche Summe erhalten; die Bestellung von Dingladungen und Vornahme der Arrestlegung[7] wird ihm ebenfalls mit einem Pfennig gelohnt. Nicht ganz so durchsichtig ist die Bestimmung über eine Remuneration der Büttel für Gefangenhaltung.[8]

---

[1] Goslar. Statut. 41 6ff.: Roft oder sleyt en den bodel dar umme dat he ene vore büt, he scal deme bodele buten unde dem rade scal he gheven vif mark. Stikt he ene oder houwet he ene dorch dat he ene vore büt, he scal denne gheven teyn mark.

[2] Ordnung für den Büttelmeister und seine knechte v. J. 1524 vgl. Lüb. R. (Hach) S. 146ff., mit Vorschriften für ihre und ihrer Familie Kleidung, insbesondere mit Beschränkungen in Ansehung des Schmuckes.

[3] Vgl. Planck, I 137 ff. [4] Freiberg. St.R. 1 § 37 S. 37.

[5] Über das Verhältnis der Freiberger pfenninge zu marken und pfunt vgl. ibid. 6 §§ 2, 3 S. 73.

[6] Ibid. 1 § 35 S. 34. Vgl. auch Freiberg. U.B. II n. 171. S. 126. Vestenrecht zu Schwelm Grimm, W. III 29.

[7] Freiberg. St.R. 36 § 1 S. 225. Vgl. noch Prag. Statut. 74 S. 49: *de praeconum denario.* Dar nach vmb der putel lon, ven ein putel einem vergepeut in das gericht, dem sol man geben einen haller ze lon vnd in ehaften dingen zwen vnd nicht mer, Prag. Rb. 17 S. 107.

[8] Vgl. noch für Prag (Rb. 59 S. 117): Welch gewangener zu dem putel vbirnechtig, der sal dem putell geben vi haller zu lon vnd der putell sol sein hab nicht mer nemen.

Denn zuerst wird gesagt: Unde einen iklichen gevangenen umme schult oder worumme iz ist sullen si halden ane lon unde ane hute[1] biz zu dem neisten dinge zu rechte. Und gleich daneben heißt es: „Ir stokmite[2] mugen si nemen, als recht ist (Freiberg. St.R. Cap. 36 § 2 S. 225). Vielleicht ist die Stelle dahin zu deuten, daß dem Vollzugsorgane für die Inhaftierung, abgesehen von der zu zahlenden Miete für den Gefängnisraum, keine Extravergütung zu entrichten sei.

Außer diesen den Civilvollstreckungen entstammenden Bezügen, sowie den sonstigen gelegentlichen Einkünften,[3] werden hier und da Taxen aufgestellt, welche einen bestimmten Lohntarif[4] für die durch den Bütttel oder seine Knechte an den Verbrechern vollzogenen peinlichen Strafen festsetzen. Für jede Vornahme einer der vielen Hinrichtungsarten wurde wohl im Verhältnis zur verwandten Mühe eine besondere Summe geschuldet.[5]

War schon der Fronbote der Landgerichte trotz des erhöhten Schutzes seiner Persönlichkeit nicht *legibus solutus* und mußte seine Vergehen büßen wie jedermann, so ist dies bei dem städtischen Büttel noch weniger der Fall. Für jeden Fehl hat er gleich dem geringsten seiner Mitbürger Sühne zu bieten.[6] Ja, wie ihm aus getreuer Pflichterfüllung Vorteile erwachsen, sollen im Gegensatze dazu, ihm bei Nachlässigkeiten im Dienste besondere Nachteile nicht erspart bleiben. Seine Amtsdelikte werden mit speziellen Strafen bedroht, die teils mit Geld-

---

[1] Ungeklärt ist das ane hute. Ermisch (Freiberg. St.R. Register S. 323) übersetzt „ohne Bewachung", setzt aber selbst hinter diese Lösung ein Fragezeichen.

[2] Stokmite umschreibt Ermisch mit: dem Büttel zu gewährende Bezahlung für Gefangenhaltung (vgl. Freiberg. St.R. Register S. 343). Eine nähere Erläuterung giebt er nicht. Mir scheint es zusammengesetzt aus dem bekannten Worte stock = Gefängnis und miten = unserem heutigen mieten. Demnach ist die wörtliche Übersetzung von stockmite „die Miete des Gefängnisses", die für Benutzung des Haftlokales zu zahlende Gebühr. Anderer Meinung (mündlich) Professor Dr. A. Schmidt, der stokmite einfach mit Stocklohn übersetzt und einer Zusammenstellung von miten mit mieten widerstrebt.

[3] Vgl. Homeyer, Stadtbücher (Quedlinburg) S. 56: Dem boddele gift me to wyntere ok also vele unde to ter weken enen scillinge Quedl. penninge. Vorher ist der Lohn der „rades" knechte angeführt.

[4] Berlin. Stb. S. 29: bodel halet syn lon des virdels von den erve 1 pen., von der buden 1 scherf. Eynen aftuhouwen 5 schill. pen., tu hengen 5 schill., tu gravene 5 sol. den., tu der stupe 18 peninge, eynen slicht tu bernnene 6 schill. penninghe, in eyner kupe tu bradene, oder tu radebraken 10 schill. penninge. Dartu het he dy kleider von deme, den men untlyvet.

[5] Vgl. etwas später (1525) die Lübecker Taxen. Lüb. R. (Hach) S. 147.

[6] Vgl. z. B. Berlin. Stb. 135 S. 224. Ein Büttel gehängt und seine Frau lebendig begraben, weil sie silberne Kleinodien gestohlen hatten.

zahlung[1] erledigt werden können, teils an seinem eigenen Körper sich fühlbar machen. Früher hatte man Leibesstrafen ihm nur angedroht und hinterher die Lösung gestattet; gegen Ausgang unserer Periode mögen sie nicht selten thatsächlich an ihm vollstreckt worden sein.[2]

Zwei Punkte, die Frage einer selbständigen Jurisdiktion und der Vertretungsbefugnis gegenüber dem Richter, wurden, weil sie sich nicht ohne weiteres unserer Systematik einfügen ließen und zudem nach verschiedenen Gesichtspunkten beurteilt werden können, absichtlich im bisherigen nicht berührt.

Eine eigene Gerichtsbarkeit hat der Fronbote des Landrechtes ohne Zweifel nie besessen. Für das Stadtrecht ist ihr Vorhandensein dagegen zu bejahen. Denn wenn sich schließlich auch der Ausdruck „richten" des Artikels VIII des Weichbildrecht[3] noch etwas gezwungen im Sinne von „vollstrecken"[4] deuten ließe, demnach gleichwie dasselbe Wort im Sachsenspiegel III 55 § 2 zu interpretieren wäre, so bleibt dieser Ausweg doch für weitere Nachrichten bezüglich des Magdeburger Rechtes nicht gangbar. Das Weistum der Magdeburger Schöffen für Görlitz vom Jahre 1304 sagt klar und deutlich:[5] „der butel en mac nicht hoher richten dan obir zwelftehalben phenning". Dem Vollstreckungsbeamten steht die Jurisdiktion bei Streitigkeiten über geringwertigere Objekte zu. Dem schließt sich das Lübecker[6] Recht an mit den Worten: *preco de sex denariis iudex erit et non amplius.* Auch die Berichte über Gewohnheiten einer ganzen Reihe anderer Kommunen[7] stimmen mit dieser Überlieferung vollständig überein. Verkündung und Vollzug des Rechtsbefehles scheint demnach bei ihnen nicht ungern in eine Hand gelegt worden zu sein, und diese Gepflogenheit ziemlich weite Verbreitung[8] gefunden zu haben. So finden wir denn

---

[1] Hamburg. St.R. a. 1270 IX 8 S. 52. Auch Absetzung kam vor, vgl. Stadt Schwelm Grimm, W. III 29.

[2] Berlin. Stb. III § 27 S. 153. Wenn der Büttel „tu kake sleit". Sluge he darboven, so mengen slach sal man em weder slan, alse he boven der heren bod sleit.

[3] Wb. VIII § 4 col. 77: .. sollen richtere selber richten ader der rechte vronebote ober alle die, dy an ungerichte begriffen werden, unde obirwunden werden. Im Sinne einer eigentlich richterlichen Thätigkeit faßt die Stelle Heineccius, Elementa lib. III S. 401.

[4] Vgl. auch Glosse zu Ssp. III 55 u. 56 bei Gärtner, S. 445.

[5] Mgd. W. IV art. 126 S. 312. Mgd. Rquellen S. 135 art. 11.

[6] Lüb. R. cod. I (anno 1263) 56 S. 203. Ibid. cod. II 230 S. 366: En vrone mach richten to ses penningen unde nicht dhar bouen.

[7] Vgl. Donandt, Bremen I 83 Anm. 106b. Sydow, Erbrecht S. 302 Anm. 930. Haltaus, Glossar Fronbotengericht col. 537 ff.

[8] Manche Städte lehnen jedoch jede richterliche Thätigkeit des Vollzugsorganes ab. Vgl. Freiberg. St.R. cap. 36 § 1 S. 225, cap. 33 § 17 S. 221.

zur Blütezeit des Mittelalters in den emporstrebenden Städten eine Rückbildung und Anknüpfung an die Beamtengestaltungen einer früheren Periode, speziell an den altfränkischen Centenar. Er hatte ebenfalls in erster Linie als Gerichtsvollzieher und erst nächstdem als Gerichtsvorsitzender zu fungieren.[1] In dieser Richtung hatte die Entwickelung einen Kreislauf vollendet.

Aber die enge Verbindung des kommunalen Vollzugsorganes mit der eigentlichen Rechtsprechung zeigt sich noch in einem ferneren, dem letzten uns zur Betrachtung bleibenden Punkte. Wir sahen, daß in den Landgerichtsbezirken eine Vertretung des Gerichtsherrn durch den Vollstreckungsbeamten[2] nur in seltenen, durch Gesetz und Gewohnheitsrecht eng umgrenzten Fällen für zulässig erachtet wurde. Es war dies immer etwas Anormales, ein Zugeständnis an die Macht der Thatsachen, welche unter Umständen den ruhigen und eigentlich vorgesehenen Gang eines ordentlichen Verfahrens unmöglich erscheinen ließen. Meist handelte es sich um Gewinnung des Gerichtszeugnisses, Sicherung der Vorklage, Bekundungen von Handlungen, deren Wirksamkeit ohne das ersatzweise Einspringen des Fronboten den rechtsuchenden Parteien verloren gegangen wäre. Diese Fälle der Vertretung des Richters kehren auch im Stadtrechte[3] wieder. Auch hier kann, um nur ein Beispiel von den oben schon angeführten zu wiederholen, die Klage auf frischer That, wenn die Not drängt, vor dem Büttel erhoben werden. Doch mehr als das, man hat nicht nur die Möglichkeit der Ersetzung des Gerichtsherrn, soweit sie das Landrecht kannte, in die Stadtgemeinden übernommen, man hat sie vielmehr ganz bedeutend erweitert. Und dabei ist denn auch die Art der Vertretung eine andere geworden. Der Ausnahmecharakter, welcher ihr früher anhaftete, ist mählich in den Hintergrund getreten und bei einer Reihe von Fällen fast vollständig verschwunden. Am meisten bleibt er noch fühlbar in Momenten, in welchen der Fronbote als Vertrauensperson herangezogen wird, wenn ihm etwa erbloses Gut zur Bewahrung überantwortet[4] werden soll oder er sich als Schützer und Sachwalter verlassener Wittwen und Waisen[5] anzunehmen hat. In

[1] Vgl. Weber, Centenar S. 64. [2] Vgl. z. B. oben S. 46.

[3] Wb. 27 § 1 col. 103, ibid. 81 col. 147. Mgd. W. IV art. 30 S. 281.

[4] Blume Mgd. II 1 c. 90 S. 103: Was sotanis dingis erbeloz stirbit alz erbe, herwete und rate, daz sol man antworten dem richter odir dem fronebotin, ob ers heischit nach deme dryczigistin. Daz sol der richter haldin . . .

[5] Blume Mgd. II 2 c. 270 S. 149: Tut ymant ungerichte und slehit einen czu tote, der so enelende ist, der richter ist sein vorderer oder der fronebote an dez richters stat. Wen worum? der richter sol wytewen und weisin beschirmen an dez richis stat.

solchen Lagen erscheint der Richter als der zunächst Berufene, und nur bei dringlicher Verhinderung mag sein Stellvertreter sich nützlich machen. In einer Anzahl weiterer Fälle dagegen ist der Büttel der eigentliche in erster Linie Verpflichtete, und wird nur gelegentlich durch den übergeordneten Beamten seiner Aufgaben enthoben. Es sind dies Funktionen, welche der Dingvorbereitung, Anbahnung der Vollstreckung[1] u. s. w. dienen, ihrem Wesen nach dem Vollzugsorgane zugehören und meist auch durch dieses auf Geheiß des Richters vorgenommen werden. Nach städtischer Gewohnheit können sie jedoch beliebig ebenfalls durch diesen letzteren mit gleicher Wirkung besorgt werden, ohne daß damit die allgemeinen Verhältnisse irgend eine Änderung erleiden.

Es fragt sich nun, wie es zu dieser umfassenden Vertretung, fast möchte man sagen, wechselseitigen Ergänzung zwischen dem richtenden und vollziehenden Organe kommen konnte? Eine allseits befriedigende Erklärung dieser Thatsachen wird sich nur schwer geben lassen. Sicherlich unzulässig erscheint die Annahme, ursprünglich habe eine noch innigere Verbindung als die durch die Quellen des dreizehnten bis fünfzehnten Jahrhunderts gekennzeichnete zwischen Büttel und Unterrichter[2] bestanden, dieselben seien gar anfangs identisch gewesen, etwa wie dies für Fronboten und Schultheiß des Landrechtes in früher Zeit der Fall gewesen zu sein scheint. Die im Mittelalter emporblühenden Stadtgemeinden haben verhältnismäßig so spät eigene Gerichtsbeamte gewonnen, daß sich die Losspaltung und Trennung eines einheitlichen Organes ohne Zweifel urkundlich feststellen und ein Bild der vor sich gehenden Entwickelung gewinnen ließe. Das Ineinanderfließen der beiderseitigen Funktionen ist vielmehr anderen Ursachen entsprungen. Einmal mochte dabei der wachsende Verkehr, das drängende Geschäftsleben eine Rolle spielen; der Unterrichter, um solchen handelt es sich ja nur, denn von einem Ersatz des Burggrafen durch den Büttel ist nie die Rede, konnte den wachsenden Aufgaben allein nicht mehr genügen, er suchte sich zu helfen, indem er den Gerichtsvollzieher an seiner Stelle einspringen ließ. Es sind dies die Fälle, in welchen wir den letzteren bei Bekundungen wichtiger Vorgänge und

---

[1] Z. B. Mgd. W. II § 10 S. 232. M. Sch.R. Wass. II cap. 240 S. 116. Sch.U. Wass. III cap. 93 S. 242. M. Br. system. Schöffen-R. III 2 c. 132 S. 122. Mgd. Fragen II 2 d. 20 S. 167, ibid. I 3 d. 9 S. 61. Blume Mgd. II 2 c. 210, 211, 212 S. 139.

[2] Auf den Unterschied zwischen dem städtischen Schultheiß (Centenar, Gograf) und der landrechtlichen Gerichtsperson des gleichen Namens haben wir schon oben hingewiesen, vgl. S. 83, 84.

auf Vertrauensposten wie bei der Fürsprache für Waisen und Wittwen thätig finden. Ein anderer Grund für den wechselseitigen Ersatz wurde durch eine Verbindung und Vermengung fränkischer und sächsischer Rechtsanschauungen bedingt. Die Gerichtsverfassung der Städte Magdeburger Rechtes stimmte mit der des umgebenden flachen Landes insoweit überein, als in beiden mit der Exekution ein besonderer, relativ unabhängiger Beamter betraut war. Im übrigen lehnte sie sich wie die der übrigen deutschen Kommunen eng an die auf fränkischer Grundlage erwachsende Organisation der Gerichte an. Aus ihr mag sie den Gedanken übernommen und dann unausgesprochen beibehalten haben, daß der Richter nicht nur für Verkündung, sondern auch Vollzug der Rechtsbefehle ureigentlich die Verantwortung zu tragen habe. Demnach wurde selbst für die dem Vollstreckungsbeamten wesentlichen Aufgaben, für deren Erledigung er in erster Linie geschaffen ward, der Richter ebenfalls als kompetent und zuständig erklärt. Man hatte damit zugleich die Möglichkeit einer Kontrollierung und Überwachung der Thätigkeit des Fronboten gewonnen, indem dieser in jedem einzelnen Falle durch Eingreifen des Schultheißen von seinen Pflichten enthoben werden konnte. Der Einfluß des letzteren machte sich bei seiner größeren Machtfülle auf diesem Gebiete immer stärker geltend, so daß schließlich bei einer Reihe von Funktionen der städtische Büttel stets erst nach Geheiß des Richters zum Vorgehen berufen schien. In dieser Bewegung wäre denn auch der Schlüssel zur Erklärung der gegen Ausgang des Mittelalters schnell anwachsenden Abhängigkeit des städtischen Fronbotenamtes zu suchen.

§ 11.

3. Das Vollzugsorgan der bäuerlichen Sondergerichte.

War es unser nächstes Ziel, Leben und Treiben des zur Exekution im ordentlichen Verfahren bestellten sächsischen Beamten zu schildern, so möge es zum Schlusse vergönnt sein, noch einen Blick auf die Unterströmungen deutscher Rechtsentwickelung, die Sonderrechte der Fronhöfe, Dienst- und Lehngerichte zu werfen, um zu schauen, welchen Persönlichkeiten sie die durch ihren Rechtsgang geforderte Vollstreckung anvertrauten. Zwar kann es sich bei der partikulär äußerst verschieden gestalteten Entwickelung[1] nur um ein Festhalten der allgemeinsten

[1] Vgl. Ssp. III 42 § 2: nu ne latet jük nicht wunderen, dat dit buk so lüttel seget von dienstlüde rechte, went it is so mannichvalt, dat is nieman to ende komen kan; under iewelkem bischope unde abbede unde ebbedischen hebben die dienstlüde sunderlik recht, dar umme ne kan ik is nicht besceiden. Siehe auch Stobbe, Rquellen I S. 585ff.

Züge, um eine flüchtige Skizzierung der Verhältnisse handeln, dennoch wird unsere Mühe vielleicht keine ganz vergebliche sein und ihre Resultate etwas zur Ergänzung und besseren Beleuchtung unseres eigentlichen Themas beitragen können. Vom Lehnrechte freilich, dem ein Fronbote in unserem Sinne unbekannt[1] ist, dürfen wir dabei ganz absehen und werden wir uns demnach in der Hauptsache auf die bäuerlichen Rechtsquellen[2] zu beschränken haben, deren „buntfarbige Bilder das warm pulsierende Leben jener Zeit in Frische und Ursprünglichkeit gleich einem Spiegel reflektieren".[3]

Die Gerichtsherrlichkeit in Hof- und Eigengerichten stand im Prinzipe dem Grundherrn zu. Doch war im Mittelalter die ganze Exekution am Grundgericht wie der Vorsitz daselbst dem Meier, beziehentlich Schultheißen zugefallen, und ward von diesem an des Herrn Stelle geübt. Zu ihrer Durchführung stand dem letzteren ein besonderer und für diesen Dienst eigens geschaffener Subalterner zur Seite.

Es sollte zu dem letzteren Amte ein auf dem Hofe[4] Geborener, in den „Holzgerichten" ein Markgenosse,[5] also zum mindesten kein landfremder Mann genommen werden. Er wurde in der Regel durch den Grundeigner selbst[6] oder durch die herrschaftlichen Organe,[7] z. B. den Schultheißen,

---

[1] Vgl. Planck, I S. 96 u. die dort citierten Quellenbelege.

[2] Wir ziehen, da Weistümer in den Kolonisationsgebieten des nordöstlichen Deutschland nicht vorkommen (vgl. Schröder, R.G. § 58 S. 671), fast ausschließlich westfälische, niedersächsische und die ihnen verwandten thüringischen Rechtsaufzeichnungen zu Rate. Die ländlichen Rechtsquellen Mittel- und Süddeutschlands in weiterem Umfange zu benutzen, ist bei den einmal gesteckten Grenzen nicht angängig. Ich verweise zum Vergleiche nur auf Schröders trefflich gearbeitete und ausgiebige Zusammenstellung im Registerband von Grimms Weistümer (VII S. 227, 228).

[3] Arthur Schmidt, Die geschichtlichen Grundlagen des bürgerlichen Rechts im Großherzogtum Hessen, Gießen (C. v. Münchow) 1893, S. 52 Anm. 10.

[4] Hofsrecht Hattnegge-Westfalen Grimm, W. III 52: Item die scholtz und hoffs luide heben tesamen to setten eyn .. frohne, ween een dem hoffe beduncket nuyttelick oder profitlick to wesen, und derselbe sall syn ein geschworen beerff hoffsman. W. Barkhofen-Westf. Grimm, W. III 33. Vgl. Lamprecht, Wirtschaftsgeschichte I 2 S. 1059 ff.

[5] Dernekamp-Westf. Grimm, W. III 140, 6: .. ein fronbotte, der gleichfalls ein eingeseßener der marken und ebenmeßig dero marken auf trew und pflicht beaidet sei.

[6] W. zu Hilden u. Haine-Westf. Grimm, W. III 8: der .. hochw. fürst erzbischof zu Cöln, als der grontherr off auch der lehen herre, solle aus dem hohen hoife zu Hilden mit rade der hoifsleude daselbst kiesen schultheiß, scheffen und fronen .... Vgl. Maurer, Fronhöfe II § 389 S. 482.

[7] W. Barkhofen-Westf. Grimm, W. III 33: wante .. de hoff geynen erfflichen boden oder froenen en hefft, so sal eyn scholte eynen froenen setten, eynen van den hoffsmannen, beheltlich eme synes rechts und den houesluyden eres rechts.

ernannt. Vielfach stand auch der Hofgemeinde ein Einfluß auf seine Bestellung zu, sei es, daß sie eine beratende Stimme bei der Wahl abzugeben hatte,[1] oder sei es, daß sie allein zur Wahl der Exekutivbeamten schritt.[2] Aber auch in diesen Fällen wurde die Beeidigung der Gewählten und deren feierliche Einweisung[3] in ihr Amt meist von dem Grundherrn oder dessen Vertreter vorgenommen. „*Preconem eligere tenetur universitas ville in Monre* (also die Hofgemeinde daselbst) .... *et dominus prepositus ecclesie sancti Petri habet illi electo conferre post illorum electionem officium preconis accedente voluntate advocatorum nostrorum*" (Monre-Thüringen a. 1264—1268 Grimm, W. III 617). Diese nachträgliche Investitur der bäuerlichen Vollstrecker ermöglichte die Zurückweisung unliebsamer Personen und gewährleistete der Idee nach die Wahrung des Ernennungsrechtes seitens des Grundherrn. Sie erinnert lebhaft an die gleiche, gelegentlich der Bestallung des landrechtlichen Fronboten geschilderte Erscheinung. Beidemale wird eine Beschränkung des den jeweiligen Dingenossen zugestandenen Einflusses auf Wahl eines Gerichtsmitgliedes und etwaige Korrigierung[4] der durch denselben gezeitigten Ergebnisse bezweckt.

Selbstverständlich war mit der Amtseinführung zugleich die Huldeleistung[5] durch den Neugekorenen verbunden, die unter Umständen bei Herrnwechsel wiederholt[6] werden mußte.

Die Amtsdauer war, auch wo es sich nicht um Erblichkeit[7] der Stellung handelte, jedenfalls eine lebenslängliche, freilich mit der Einschränkung, daß die Enthebung vom Posten eines Büttels nichts Außer-

---

[1] Hofesrechte zu Werne u. Seperade-Westf. Grimm, III 163, 11. W. zu Hilden u. Haine-Westf. Grimm, W. III S. 8, abgedruckt S. 108 Anm. 6, weiter dass. W. S. 10.

[2] Z. B. Monre-Thüringen Grimm, W. III 617, ferner Monre anno 1457 Grimm, W. III 624: die gemeyne zcu Monre sullen keyszen eynen schultheysszen unde butel uff den eidt, der zcu sollichem ampte dügelichin unde eynem probiste nutzlichin sey, dem sal eyn probist gebin vnde beuelin, unde der sal im darubir globin vnde sweren, wo abir eyner gekoren wurde, der zcu sollichem ampte nicht dogelich vnde eynem probste nicht nutzlich were, so mochte eyn probist solich ampt bestellen mit eynem andern, der im ebin were, vnde dar in hette im nymant zcu tragen. Vgl. noch Holzgericht der Raesfelder Mark-Westf. III 169. Gesinde St. Michaelis zu Hildesheim-Niedersachsen Grimm, W. III 254. Gemeinsame Bestellung durch scholtz und hoffsluide vgl. Hofrolle Hattnegge-Westf. Grimm, III S. 53.

[3] Vgl. Maurer, Fronhöfe IV § 641 S. 60, 61.

[4] Vgl. Monre-Thüringen Grimm, W. III 624, abgedr. oben Anm. 2.

[5] Holzgericht Dernekamp-Westf. Grimm, III 140, 6, abgedr. S. 108 Anm. 5. Monre-Thür. a. 1457 Grimm, W. III 624.

[6] Gesinde z. St. Michaelis Hildesheim-Niedersachsen Grimm, W. III 254.

[7] Barkhoven-Westf. Grimm, W. III 38, abgedr. S. 108 Anm. 7. Selbstverständlich war in diesem Falle Wahl wie Ernennung überflüssig.

gewöhnliches war. Die Absetzung konnte aber nicht nur wegen grober Pflichtverletzung erfolgen, sondern ganz ebenso „wanch dem schultz und hoiffs leyden beleﬀt“,[1] wenn nach Ansicht maßgebender Persönlichkeiten eine geringere Tauglichkeit des Neugekorenen erwiesen schien. Solange er indes im Amte weilte, durfte ihm ein anderer, namentlich Dorffremder,[2] nicht ins Handwerk pfuschen.

Die Pflichten des ländlichen Büttels lassen sich in zwei Gruppen scheiden. Die einen haben mehr der Rechtspflege, die anderen wirtschaftlichen Zwecken zu dienen. Bei ersteren galt es vor allem, das Ding zu kündigen und somit seine Abhaltung möglich zu machen. Dessen Ansagung war bei den bäuerlichen Verhältnissen um so nötiger, als selbst die ungebotenen Gerichtsversammlungen in unzähligen Grundherrschaften nur der Jahreszeit, nicht dem Tage nach im voraus bestimmt waren. Für die allgemeine Bekanntmachung war daher ein Ort zu wählen, der die weitgehendste Verbreitung des Verkündeten verbürgte. Am geeignetsten dafür erschien unter Umständen die Kirche.[3] Dort sollte des Sonntags der Gerichtsbote vor versammelter Gemeinde das Ding ansagen. „Wirt dat gericht durch den beschworen frohnen opentlik des sondages durch ein kerkenspraeke verkundiget“ (Raesfelder Mark-Westf. Grimm, W. III 169). Neben dieser öffentlichen summarischen Ankündigung findet sich dann noch bisweilen eine andere Art, bei der die einzelnen Dinggenossen insgesondert zur Versammlung entboten werden.[4]

Während der Sitzungen hatte der Büttel die Befehle des grundherrlichen Richters wirksam zu machen und nach gefundenem Urteil dieses zu vollziehen, was namentlich durch Vornahme der benötigten Pfändungen zu geschehen pflegte.[5] Zu letzterer Exekution mochte er freilich auch ohne vorgängiges Gerichtsverfahren auf einfaches Geheiß des Schulzen schreiten, etwa wenn es galt, den fälligen Pachtzins[6] beizutreiben oder die Erfüllung sonstiger hofrechtlicher Verbindlichkeiten zu erzwingen.

[1] Hofrecht Hattnegge-Westf. Grimm, W. III 52. Monre-Thür. a. 1457 Grimm, W. III 624.

[2] Hofrecht z. Werne u. Seperade-Westf. Grimm, III 163, 11. Sehr interessant sind in dieser Hinsicht die zur Schlichtung der Streitigkeit zwischen Cöln und Mark erlassenen Bestimmungen des Weistums zu Valbert Grimm, W. III 72, 3, 4, 5.

[3] Valbert-Westf. Grimm, III 72, 3: Si hebben van eren vorvalden altit gehort, dat ein märkischer frone dat vorgebot in der kerken gethan hebbe.

[4] Hofrecht Hattnegge-Westf. Grimm, III 51: wanne .. gericht gehalden sall werden, darto sall deß hoffes frohne einen jeden houesman ain boden, wey dan nicht en kommet, der verbrucht dieselben ouen geschreuene penne. Vgl. noch Vestenrecht zu Hagen-Westf. Grimm, W. III 37, 21, 20. Monre-Thüringen Grimm, W. III 618, ebenda 624. Eisenhausen-Westf. Grimm, W. V 727. Vgl. noch Burchard, Gerichtshegung § 7 S. 84ff.

[5] Vgl. Vestenrecht zu Hagen-Westf. Grimm, III 36, 16, 17.

[6] Hoferechte zu Schapen-Westf. Grimm, W. III 185: „off einige houeslude

Damit sind wir schon zu dem anderen mehr administrativen Teil der Thätigkeit des bäuerlichen Fronboten gekommen, welcher in die Regelung der wirtschaftlichen Verhältnisse[1] jener kleinen Gemeinwesen innerhalb des Staates mithelfend eingreifen sollte. Weiterhin hatte dann der Büttel die Pflichtigen zu ihren gewöhnlichen Diensten aufzubieten.[2] Ihm lag es ob, für den richtigen Eingang der geschuldeten Zehnten und Zinsen Sorge zu tragen.[3] Er hatte eine Art Marktpolizei zu üben und aufzumerken, daß nicht falsches Gewicht gebraucht wurde oder es den Waren an der gesetzlich vorgesehenen Beschaffenheit mangelte.[4] Er sollte fernerhin dem Richter bei Bestimmung der Preise für Wein und Bier an die Hand gehen,[5] die dazu benötigten Beschlagnahmungen der betreffenden Getränke vornehmen und ähnliches mehr. Mit einem Worte, der Hofesfrone stand dem Grundherrn beziehentlich dessen Vertreter bei Vollzug und Durchführung des Rechts wie auch der Wirtschaft[6] unterstützend zur Seite.

Natürlich erscheint, daß er bei Ausübung all dieser Dienste gegen unberechtigten Widerstand oder gar thätlichen Angriff nachdrücklichsten Schutz erfuhr. Selbst einfacher Ungehorsam und der ihm gegenüber verschuldete Bruch des Erfüllungsversprechens ward unter Umständen streng geahndet.[7] Auch mußte der Büttel seine Pflichten nicht alle

---

an betalingen oiren jarliche pachten versumelich werden, so sall de houesschulte de selue mit dem houesfronen des hofes tho Schapen penden laiten .... Hoferechte von Hattnegge-Westf. Grimm, W. III 52, 53 ff., hier wird auch der Fortgang und die Art der Pfändung näher beschrieben.

[1] Vgl. Maurer, Fronhöfe II § 387 S. 479.

[2] Schapen-Westf. Grimm, W. III 185: Item oiren gewointlichen dienst sullen se och mit dem houesfronen gebieden laiten.

[3] Monre-Thür. Grimm, W. III 618: *Preconis officium est preconizare solutiones censuum etc. .... tenetur colligere redditus decimarum etc. Item preco [et quidem alius officiatus, qui dicitur der heriste, quem habet instituere dominus prepositus,] per se tenentur seminare gebundas, die gebunden domini prepositi, si voluerit prepositus, et hoc de annona prepositi.*

[4] Vestenrecht zu Hagen-Westf. Grimm, W. 36, 18: ... wey hyr also wat feles brengt, dar sollen dey bouwmeister und geschworen fronen umbgaen und datselvige wegen und bekoren, dat et synes goldes werth sy. Über die Bedeutung des Wortes veste = Gericht vgl. Schiller u. Lübben, W.B. u. d. W.

[5] Ibidem 36, 19.

[6] Dazu gehört z. B. noch die Angriffnahme des Nachlasses von Verstorbenen, die dem Hofe pflichtig waren, vgl. Hattnegge-Westf. Grimm, W. III 51, Werne u. Seperade-Westf. Grimm, W. III 163.

[7] Hagen-Westf. Grimm, W. III 36, 16: so einer dem fronen pandweigerung dede, brocket mynem gn. herrn V. mark up gnade. Hattnegge-Westf. Grimm, W. III 51, weiter ibid. 54: Item weret sake, der hoffsfrone einigem hoffsmanne doit ein beuel, geboet oder verboet, und der hoffsman sich daran nicht en kehrde, und worde ungehorsamb so manichen tag aß hie ungehorsamb blyfft, mit so mannigem schillinge sall hie dem hoffs schultz, und mit so mannigen

umsonst erfüllen, sondern erhielt dafür mancherlei Vergütungen. So wurden ihm in einem Hofe zu Barmen für Botendienste drei „rader heller" zugesprochen.[1] Beim Verfallenlassen von Pfändern wurde ihm zu Hattnegge ein Schilling zugebilligt.[2] Weiter war ihm ebenda für die Gewährung der Erlaubnis zur Auswanderung eine Abgabe zu leisten: „eynich hoffman also ferne verquäme und verdörbe, dat he sick alhir nicht konde behelpen, und vermeinede sich in andere lande to genehren, so sall he synnen orloff weruen an den hoffs frohnen mit neggen penningen, und nehmen daer syn guth und fahren hen" (GRIMM, W. 53). Nicht minder wußte er sich die Gutsbelehnung gelegentlich zu einer finanziellen Quelle zu gestalten.[3] Am interessantesten jedoch ist die Bestimmung für Monre in Thüringen, da diese uns nicht nur von einzelnen Bezügen des Fronen, sondern gleichsam von seinem Generaleinkommen Nachricht giebt.[4] Es werden dabei zwei Fälle geschieden. Ist der Büttel so vermögend, daß er sich einen eigenen unfreien Grundholden zu halten vermag, so soll dieser ihm allein, befreit von jeglicher sonstigen Dienstleistung und Steuer, zu nutzen bleiben. Hat er dagegen selbst keinen Eigenmann, so darf er sich unter den Knechten der Gemeindegenossen einen wählen und dessen Arbeitsleistung wie die bezüglichen Abgaben für sich in Anspruch nehmen.

Die Übernahme der Verpflichtungen eines hofrechtlichen Vollzugsorganes blieb demnach nicht ohne Vorteil. Freilich konnte sie, wenn der Betreffende in der Folgezeit seinen Aufgaben nicht gerecht ward, auch mancherlei Unannehmlichkeiten im Gefolge haben. Mit Geldstrafen,[5] die teils an den Schulzen und zum Teil an die Gemeinde zu zahlen waren, suchte man den im Dienste Nachlässigen zunächst zu bessern und, wenn dies auf die Dauer nicht fruchten mochte, wurde schließlich zur schimpflichen Amtsenthebung gegriffen.

---

selß penningen den hoffs luyden verfallen syn, und dess befehls geboedes oder verboedes sall man dem hoffsfronen gelouen geuen.

[1] Hofsrolle zu Barmen-Westf. GRIMM, W. III 13. Hagen-Westf. ibid. III 37. 21. Eigengericht zu Eisenhausen ibid. V 727.

[2] Hattnegge-Westf. GRIMM, W. III 53. [3] Elpe-Westf. GRIMM, W. III 39.

[4] GRIMM, W. 618: ... *si preco est adeo dives, quod potest habere mansum proprium, iste est liber ab omni servitio et omni censu, qui de manso dari posset vel solet; si vero mansum per se non habet, tunc eligere debet mansum alicujus de villa, quemcumque voluerit, et census et servitia de illo manso provenientia cedant sibi ita, quod dominus prepositus nihil de illo manso servitii percipit, sed solus preco.*

[5] Vgl. z. B. Hattnegge-Westf. GRIMM, W. III 53: Item weret ouer sacke, die gepante man synes pandes in gebürlicher tytt, wie ouen geschr. gesunte, und der hoffs frohne, oem dess durch frevel nicht weder geven en wolde, soll der frohne fallen in vier schillinge penen, halff dem scholtz und halff dem höffe.

Verzeichnis der Abkürzungen

in den Citaten der Quellen und Litteratur.

I. Quellen.

Batt u. Babo, Denkmäler = Teutsche Denkmäler herausgegeben und erklärt von BATT, BABO, EITENBENZ, MONE u. WEBER. Lief. I. Heidelberg (Mohr & Winter) 1820.

Berlin. Stb. = Berlinisches Stadtbuch. Neue Ausgabe veranstaltet bei der Feier des 25j. Hochzeit-Jubiläums Ihrer Kais.-Kgl. Hoheiten des Kronprinzen Friedrich Wilhelm und der Kronprinzessin Viktoria. Berlin 1883.

Blume, Mgd. = Die Blume von Magdeburg. Herausgegeben von HUGO BÖHLAU. Weimar (Hermann Böhlau) 1868.

Bremen = Vollständige Sammlung alter und neuer Gesetz-Bücher der kaiserlichen und des heiligen Römischen Reichs freien Stadt Bremen, herausgegeben von GERHARD OELRICHS. Bremen (J. Hinrich Cramer) 1771.

Cap. oder **Cap. (Boretius)** = *Monumenta Germaniae historica. Legum sectio II: Capitularia regum Francorum tom I,* besorgt von A. BORETIUS. Hannover 1883. — Für die in der Boretius-Ausgabe nicht gedruckten Gesetze ist citiert: PERTZ, *Monumenta Germaniae historica Legum tom. Iff.* Hannover 1835.

Cod. Anh. = *Codex Diplomaticus Anhaltinus,* herausgegeben von Dr. OTTO VON HEINEMANN. Bd. I ff. Dessau (Barth) 1867 ff.

Danzig. Schb. = Das Danziger Schöffenbuch, herausgegeben von Dr. M. TOEPPEN in Programm No. 19 d. kgl. Gymnasiums zu Marienwerder. Marienwerder (R. Kanter) 1878.

Distinktionen = Das Rechtsbuch nach Distinktionen in ORTLOFF, FRIEDRICH: Sammlung deutscher Rechtsquellen Bd. I. Jena (Cröker) 1836.

Dsp. = Der Spiegel deutscher Leute. Textabdruck der Innsbrucker Handschrift, herausgegeben von Dr. JULIUS FICKER. Innsbruck (Wagner) 1859.

Freiberg. St.R. = Das Freiberger Stadtrecht. Herausgegeben von Dr. HUBERT ERMISCH. Leipzig (Giesecke & Devrient) 1889.

Freiberg. U.B. = Urkundenbuch der Stadt Freiberg. in Sachsen in *Codex Diplomaticus Saxoniae Regiae*, herausgegeben von OTTO POSSE u. H. ERMISCH. II. Hauptteil. Bd. XII—XIV. Leipzig (Giesecke & Devrient) 1883—1891.

Görl. L.R. = Das Görlitzer Rechtsbuch bei HOMEYER vide Ssp.

Goslar. Statut. = Die Goslarischen Statuten mit einer systematischen Zusammenstellung der darin enthaltenen Rechtssätze und Vergleichung des Sachsenspiegels und vermehrten Sachsenspiels, herausgegeben von Dr. OTTO GÖSCHEN. Berlin (G. Reimer) 1840.

Glogau. Rb. = Das Glogauer Rechtsbuch von 1386 bei WASSERSCHLEBEN, H. Sammlung deutscher Rechtsquellen. Gießen (E. Heinemann) 1860. S. 1 ff.

Grimm, W. = GRIMM, JAKOB, Weistümer. 7 Bde. (5, 6 u. Registerband herausgegeben von R. SCHRÖDER). Göttingen (Dieterische Buchh.) 1840—1878.

Hallisch. Schb. = Die Hallischen Schöffenbücher, herausgegeben von GUSTAV HERTEL.
I. Teil 1266—1400. Halle (OTTO HENDEL) 1882 } aus Geschichtsquellen der
II. „ 1401—1460. „ „ „ 1887 } Provinz Sachsen und angrenzenden Gebiete. Bd. XIV.

Hamburg. St.R. = Hamburger Rechtsaltertümer Bd. I. Die ältesten Stadt-, Schiff-Landrechte Hamburgs. Herausgegeben von Dr. J. M. LAPPENBERG. Hamburg (Joh. Aug. Meissner) 1845.

Lüb. R. = Das alte lübische Recht. Herausgegeben von Dr. JOH. FRIEDRICH HACH. Lübeck (Rohden) 1839.

Kaiserrecht = Das Keyserrecht nach der Handschrift von 1372 . . . . Herausgegeben von Dr. HERMANN E. Endemann. Cassel (Krieger) 1846.

Kulm. R. = Das alte kulmische Recht mit einem Wörterbuche. Herausgegeben von C. K. LEMAN. Berlin (F. Dümmler) 1838.

Loersch-Schröder, U. = Urkunden zur Geschichte des deutschen Privatrechts. Herausgegeben von Dr. HUG. LOESCH u. Dr. RICH. SCHRÖDER. 2. Aufl. Bonn (A. Marcus) 1881.

M.B. system. Schöffen-R. = Das Magdeburg-Breslauer systematische Schöffenrecht aus der Mitte des XIV. Jahrhunderts, herausgegeben von PAUL LABAND. Berlin (F. Dümmler) 1863.

Mgd. Fragen = Die Magdeburger Fragen. Herausgegeben von Dr. J. FR. BEHREND. Berlin (J. Guttentag) 1865.

Mgd. Rquellen = Magdeburger Rechtsquellen zum akademischen Gebrauch herausgegeben von PAUL LABAND. Königsberg (Hübner & Matz) 1869.

Mgd. alphab. Sch.-R. Wass. = Die in der Handschrift No. 1096 der Universitätsbibliothek zu Leipzig enthaltene alphabetisch geordnete Sammlung von Urteilen des Magdeburger Schöffenstuhls in H. WASSERSCHLEBEN: Deutsche Rechtsquellen des Mittelalters. Leipzig (Veit & Comp.) 1892. S. 1 ff.

M. Sch.R. Wass. I. = Magdeburger Schöffenrecht aus einer Dresdener Handschrift bei WASSERSCHLEBEN, H. Sammlung deutscher Rechtsquellen. Gießen (E. Heinemann) 1860 S. 80 ff.

M. Sch.R. Wass. II. = Desgleichen aus einer Berliner Handschrift bei WASSERSCHLEBEN . . . 1860. S. 121 ff.

Mgd. W. I. = Magdeburger Weistum (für Goldberg 1211?) bei GAUPP ER. TH. Das alte Magdeburgische und Hallische Recht. Breslau (Max & Komp.) 1826 S. 219 ff.

Mgd. W. II. = Weistum der Magdeburger Schöffen für Breslau von 1261 bei GAUPP a. a. O. S. 230ff.

Mgd. W. III. = Desgleichen von 1295 bei GAUPP a. a. O. S. 259ff.

Mgd. W. IV. = Desgleichen für Görlitz von 1304 bei GAUPP a. a. O. S. 269ff.

Mgd. W. Breslau: = Magdeburger Weistümer für Breslau. Ein Beitrag zur Geschichte des Magdeburger Rechts von OTTO FRANKLIN. Breslau (Gottl. Korn) 1856.

M.G. = *Monumenta Germaniae historica* seit 1826.

Prag. Rb. = Das Prager Rechtsbuch bei RÖSSLER E. F. Deutsche Rechtsdenkdenkmäler aus Böhmen und Mähren. Bd. I. Prag (Calve) 1845. S. 101 ff.

Prag. Statut. = Prager Statutarrecht bei RÖSSLER a. a. O. S. 1ff.

Purgoldt, Rb. = Das Rechtsbuch JOHANNES PURGOLDTS nebst statutarischen Rechten von Gotha und Eisenach in ORTLOFF, FRIEDRICH, Sammlung deutscher Rechtsquellen, Bd. II. Jena (Friedrich Frommann) 1860.

Ri. = Der Richtsteig Landrechts nebst Cautela und Premis, herausgegeben von C. G. HOMEYER. Berlin (Gg. Reimer) 1857.

Rq. Fries. = Friesische Rechtsquellen, herausgegeben von KARL FREIH. VON RICHTHOFEN. Berlin (Nicolai) 1840.

Rigisch. R. = Dat Rigische Recht und de gemenen stichtischen Rechte ym sticht van Ryga geheten das Ridder-Recht nebst *Dionysii Fabri formulare procuratorum* .... herausgegeben von GERHARD OELRICHS. Bremen (J. Hin. Cramer) 1773.

Poln. Rd. = Das älteste geschriebene polnische Rechtsdenkmal, herausgegeben von EDW. VOLCKMANN. Programm d. k. Gymnasium zu Elbing. Elbing (Neumann-Hartmann) 1869.

Ruprecht, Rb. = Das Stadt- und Landrechtsbuch RUPREHTS VON FREYSING. Ein Beitrag zur Geschichte des Schwabenspiegels von G. L. v. MAURER. Stuttgart und Tübingen (Cotta) 1839.

Schles. Landr. = Das Schlesische Landrecht oder eigentlich Landrecht des Fürstentums Breslau von 1356 an sich und in seinem Verhältnis zum Sachsenspiegel dargestellt von Dr. E. Th. GAUPP. Leipzig (Hartmann) 1828.

Sch. U. Wass. III. = Schöffenurteile von Magdeburg, Leipzig, Dohna, Halle, Leutmeritz aus einer Dresdener Handschrift bei WASSERSCHLEBEN . . . Gießen 1860 S. 128ff.

Sch. U. Wass. IV. = Desgleichen aus einer Leipziger Handschrift WASSERSCHLEBEN . . . Gießen 1860 S. 355ff.

Schwsp. = Der Schwabenspiegel oder schwäbisches Land- und Lehnrecht nach einer Recension vom Jahr 1287 . . . herausgegeben von K. L. FREIH. VON LASSBERG. Tübingen (Friedrich Fues) 1840.

Senckenberg = *corpus juris Germanici publici ac privati ex aevo medio* . . . . v. SENCKENBERG. Frankofurti a. moenum (J. A. Raspius) 1760—1766.

Soest. Statut. = Ältestes Statutarrecht der Stadt Soest 1120 in SEIBERTZ Urkundenbuch zur Geschichte des Herzogtums Westfalens. Bd. I. Arnsberg 1860 ff.

Ssp. = Des Sachsenspiegels I. u. II. Teil nebst den verwandten Rechtsbüchern herausgegeben von C. G. HOMEYER. Bd. I: Ssp. Landrecht; Bd. II 1:

Das sächsische Lehnrecht und der Richtsteig Lehnrechts; Bd. II 2: *auctor v. de beneficiis*, Das Görlitzer Rechtsbuch und Das System des Lehnrechts. Berlin (F. Dümmler) 1861 (I. Bd. 3. Aufl. 1842, 1844). — Bd. II 1 und II 2 auch unter der Bezeichnung Homeyer Rb. citiert.

Ssp. Gärtner = Eykens von Repgow Sachsen-Spiegel ..... Ferner die vollständige Teutsche Glosse des Land-Rechts; herausgegeben von Carl Wilh. Gärtner. Leipzig (F. Lanckische Erben) 1732.

Ssp. Göschen = Das sächsische Landrecht nach der Quedlinburger Pergamenthandschrift, herausgegeben von Otto Göschen. Halle (Pfeffer) 1853.

Ssp. Lübben = Der Sachsenspiegel . . . n. d. Oldenburger *Codex picturatus* v. 1336, herausgegeben von A. Lübben. Oldenburg (Schulze) 1879.

Ssp. Othmer = Sachsenspiegel mit vil newen Addicionibus sampt landrechts und Lehenrechts richtsteige. Item vil urteilen . . . . Augsburg (Othmer) 1517.

Ssp. Zobel = Sachsenspiegel auffs newe ubersehen . . . . Durch d. hochgelarten Herrn Christoff Zobel. Leipzig 1582.

Stendal. U.B. = Ein Stendaler Urteilsbuch aus dem vierzehnten Jahrhundert als Beitrag zur Kenntnis des Magdeburger Rechts, herausgegeben von Dr. J. Fr. Behrend. Berlin (Guttentag) 1868.

Tross, U. = Tross, Dr. L., Sammlung merkwürdiger Urkunden für die Geschichte des Femgerichts. Hamm (Schulzische Buchh.) 1826.

U.B. des Hochstift Halberstadt = Urkundenbuch des Hochstifts Halberstadt und seiner Bischöfe, herausgegeben von Dr. G. Schmidt. I. Teil bis anno 1236. Leipzig (Hirzel) 1883. II. Teil 1236—1303. Leipzig (Hirzel) 1884. Publikationen aus den preuß. Staatsarchiven. Bd. XVII u. XXI.

U.B. d. Stadt Halberstadt = Urkundenbuch der Stadt Halberstadt. Herausgegeben von Gustav Schmidt. 2 Teile in Geschichtsquellen der Provinz Sachsen und angrenzender Gebiete Bd. VII. Halle (Hendel) 1878, 1879.

Walter, C.J.G. = *Corpus Juris Germanici antiqui*, herausgegeben von Ferd. Walter. III. Tom. Berolini (Reimer) 1824.

Wb. und Glosse Wb. = Das sächsische Weichbildrecht. *Jus municipale Saxonicum* v. S. v. Daniels u. Fr. von Gruben. Berlin (Mylius) 1858.

Zeumer, Leg. Visig. = *Leges Visigothorum antiquiores edidit Karolus Zeumer.* Hannover-Leipzig (Hahn) 1894.

II. Litteratur.

Abegg, C.C.C. = Abegg, Prof. Beiträge zur geschichtlichen Erläuterung des art. 218 d. P.G.O. Carls V. in Zeitschrift für Deutsches Recht und Deutsche Rechtswissenschaft, herausgegeben von Beseler, Reyscher, Wilda. XV. Bd. Tübingen (Fues) 1855. S. 57ff.

Albrecht, Gewere = Albrecht, W. E. Die Gewere als Grundlage des älteren deutschen Sachenrechts. Königsberg (Bornträger) 1828.

v. Amira, Recht = Amira, R. v. Artikel „Recht“ in H. Paul's Grundriß der germanischen Philologie. Bd. II. 2. Abt. S. 35—200. Straßburg (Trübner) 1889—1890.

v. Amira, Vollstreckungsverfahren = Amira, K. v. Das altnorwegische Vollstreckungsverfahren. München (Th. Ackermann) 1874.

Beneke, Unehrliche = Beneke, Dr. Otto. Von unehrlichen Leuten. Culturhistorische Studien und Geschichten aus vergangenen Tagen deutscher Gewerbe und Dienste. 2. Aufl. Berlin (Hertz) 1889.

Bethmann-Hollweg, G.C.P. = Bethmann-Hollweg, M. A. v. Der germanisch-romanische Civilprozeß im Mittelalter. 3 Bde. aus d. Civilprozeß des gemeinen Rechts in geschichtlicher Entwicklung. Bd. 4, 5, 6. Bonn (Marcus) 1868—1874.

Brunner, R.G. = Brunner, Heinrich, Deutsche Rechtsgeschichte. 2 Bde. Leipzig (Duncker & Humblot) 1887 u. 1892.

Brunner, Exemtionsrecht = Brunner, H. Das gerichtliche Exemtionsrecht der Babenberger. Sonderabdr. aus d. Juliheft d. J. 1864 d. Sitzungsber. d. phil.-hist. Cl. d. kais. Akadem. d. Wiss. Wien (Hof- & Staatsdruckerei) 1864.

Bunge, Gurland = Bunge, F. G. v. Geschichte des Gerichtswesens und der Gerichtsverfassung in Liv- Est- u. Curland. Reval 1874.

Burchard, Gerichtshegung = Burchard, Dr. Kurt, Die Hegung der deutschen Gerichte im Mittelalter. Leipzig (Hirschfeld) 1893.

Daniels = Daniels, A. v., Handbuch der deutschen Reichs- und Staatenrechtsgeschichte. 4 Bde. 1859—1863 (unvollendet).

Daniels, Origo sp. S. = Daniels, Alexander a. *De Saxonici speculi origine ex juris communis libro* . . . Berolini (Enslin) 1852.

Dahn, Könige = Dahn, Fel., Könige der Germanen. 6 Bde. 1861—1885.

Donandt, Bremen = Donandt, Dr. Ferd., Versuch einer Geschichte des Bremischen Stadtrechts. 2 Bde. Bremen (Heyse) 1830.

Dreyhaupt, Saalkreis = Dreyhaupt, Joh. Christoph von. *Pagus neletici et nudici* oder ausführliche diplomatisch-historische Beschreibung .... Des Saal-Creyses ... Tom. II. Halle (Schneider) 1750.

Eichhorn, R.G. = Eichhorn, K. Fr. Deutsche Staats- u. Rechtsgeschiche. 4 Bde. 5. Aufl. Göttingen (Vandenhoeck & Ruprecht) 1843. 1844.

Gaupp, Sachsenrecht = Gaupp, E. Th. Recht und Verfassung der alten Sachsen ... Breslau (Max & Co.) 1837.

Gaupp, Fehmgerichte = Gaupp, E. Th., Von Fehmgerichten mit besonderer Rücksicht auf Schlesien. Breslau (Max & Co.) 1857.

Grimm, R.A. = Grimm, Jakob, Deutsche Rechtsaltertümer. Göttingen (Dieter. Buchh.) 1828.

Grupen, Altertümer = Grupen, C. U., Teutsche Alterthümer zur Erleuterung des Sächsischen auch Schwäb. Land- u. Lehn-Rechts. Mit Figuren. Hannover u. Lüneburg. (J. W. Schmidt) 1746.

Grupen, observat. = Grupen, Chr. U., *Observationis rerum et antiquitatum Germanicarum et Romanarum.* Oder Anmerkungen .... Halle (Waysenhaus) 1763.

Hauschild, G.V. = Hauschild, J. L., Gerichts-Verfassung der Teutschen wie solche ..... Leipzig (Langenheim) 1741.

Hauschild, Abhandlungen = Hauschild, J. L., Juristische Abhandlung von Bauern und Frohndiensten .... Dresden u. Leipzig (Gerlach & Sohn) 1771.

Heck, Altfries. G.V. = Heck, Philipp, Die altfriesische Gerichtsverfassung. Mit sprachwissenschaftlichen Beiträgen von Th. Siebs. Weimar (Böhlau) 1894.

Heineccius, Elementa = Heineccius, J. G., *Elementa juris Germanici tum veteris tum hodierni* . . . III Lib. Halae (imp. Orphan) 1736. 1737.

Hillebrand, R.G. = Hillebrand, Dr. Jul., Lehrbuch der deutschen Staats- und Rechtsgeschichte. Leipzig (Fleischer) 1856.

Homeyer, Heimat = Homeyer, G., Über die Heimat nach altdeutschem Recht, insbesondere über das Hantgemal in den Abh. d. Berl. Acad. d. Wiss. Berlin 1852.

Homeyer, Informatio = Homeyer, G., Über die *Informatio ex speculo Saxonum* Abh. d. B. A. d. W. Berlin 1857.

Homeyer, Stadtbücher = Homeyer, G., Die Stadtbücher des Mittelalters, insbesondere Das Stadtrecht von Quedlinburg Ab. d. B. A. d. W. Berlin 1860.

Homeyer, Stellung = Homeyer, G., Die Stellung des Sachsenspiegels zum Schwabenspiegel. Berlin (F. Dümmler) 1853.

Kögel, Sagibaro = Kögel, Rud., Sagibaro in Ztsch. für deutsches Altertum und deutsche Litteratur. Bd. 33. Berlin (Weidmann) 1889. S. 13ff.

Kopp, Bilder und Schriften = Kopp, Ulrich, Friedrich, Bilder und Schriften der Vorzeit. Bd. I u. II. Mannheim 1819. 1821.

Lamprecht, Wirtschaftsgeschichte = Lamprecht, Karl, Deutsches Wirtschaftsleben im Mittelalter. I. Darstellung. Leipzig (Dürr) 1886.

Lehmann, Rechtsschutz = Lehmann, Heinrich, Otto, Der Rechtschutz gegenüber Eingriffen von Staatsbeamten nach altfränkischem Recht. Kiel (Homann) 1883.

Lindner, Veme = Lindner, Theodor, Die Veme. Münster u. Paderborn (Schöningh) 1888.

Maurer, G.V. = Maurer, G. L., Geschichte des altgermanischen . . . . Gerichtsverfahrens . . . . Heidelberg (Mohr) 1824.

Maurer, Fronhöfe = Maurer, G. L., Geschichte der Fronhöfe, der Bauernhöfe und der Hofverfassung in Deutschland. 4 Bde. Erlangen (Enke) 1862. 1863.

Maurer, Städteverfassung = Maurer, G. L., Geschichte der Städteverfassung in Deutschland. 4 Bde. Erlangen (Enke) 1869—1871.

Meckbach, Anmerkungen = Meckbach, Hieronymus Chr., Anmerkungen über den Sachsenspiegel . . . . Jena (Frau Völkerin).

Meibom, Pfandrecht = Meibom, Viktor von, Das deutsche Pfandrecht. Marburg (Elwert) 1867.

Osenbrüggen, Strafrecht = Osenbrüggen, Eduard, Das Alamannische Strafrecht im deutschen Mittelalter. Schaffhausen (Hurter) 1860.

Planck I u. II. = Planck, S. W., Das deutsche Gerichtsverfahren im Mittelalter. 2 Bde. Braunschweig (Schwetschke & Sohn) 1879.

Richthofen, L., Saxonum = Richthofen, Karl, Freih. v. Zur *Lex Saxonum.* Berlin (Hertz) 1868.

Rogge = Rogge, Über das Gerichtswesen der Germanen. 1820.

Sachsse, Privatrecht = Sachsse, Th. Fr., Handbuch d. Großh. sächsischen Privatrechts. Weimar (L. J. C.) 1824.

Sachsse, Grundlagen = Sachsse, C. R., Historische Grundlagen des deutschen Staats- und Rechtslebens. Heidelberg (Winter) 1844.

Rosenthal, Gwesen Baierns = Rosenthal, Ed., Geschichte des Gerichtswesens und der Verwaltungsorganisation Baierns. Bd. I. Würzburg (Stuber) 1889.

Schmid, Angelsachsen = Schmid, Reinhold, Die Gesetze der Angelsachsen . . . . . Glossar. 2. Aufl. Leipzig (Brockhaus) 1858.

Schmidt, Echte Not = Schmidt, Arthur B., Echte Not. Leipzig (Duncker & Humblot) 1888.

Schröder, R.G. = Schröder, Richard, Lehrbuch der deutschen Rechtsgeschichte. 2. Aufl. Leipzig (Veit & Comp.) 1894.

Schröder, C.J.G. = Schröder, R., *Corpus juris Germanici poeticum II* in Z. f. deutsche Philologe, herausgegeben von Höpfner u. Zacher. Bd. II. Halle (Waisenhaus) 1870.

Schröder, Gesetzsprecheramt = Schröder, R., Gesetzsprecheramt und Priestertum bei den Germanen in Zschft. d. Savignystiftung für Rechtsgeschichte. Bd. 17 (Germ. Abt. Bd. IV). Weimar (Böhlau) 1883.

Schröder, G.V. = Schröder, R., Die Gerichtsverfassung des Sachsenspiegels in Z. d. S. f. R.G. Bd. 18 (g. A. V). Weimar (Böhlau) 1884.

Schröder, Kunde Ssp. = Schröder, R., Zur Kunde des Sachsenspiegels in Zschft. d. S. f. R.G. Bd. 22 (germ. Ab. IX). Weimar (Böhlau) 1888.

Schröder, Marktkreuz = Schröder, R., Marktkreuz und Rolandsbild in Festschrift zur 50jährigen Doktorjubelfeier Karl Weinholds. Straßburg (Trübner) 1896.

Schröder, Rolandssäulen = Schröder, R., Die Stellung der Rolandssäulen in der Rechtsgeschichte bei Béringuier, Die Rolande Deutschlands. Berlin (Verein f. Gesch. Berlins) 1890.

Schröder, Schultheiss = Schröder, R., Der ostfälische Schultheiß und der holsteinische Overbode in Z. d. S. f. R.G. Bd. XX (g. A. VII). Weimar (Böhlau) 1887.

Schröter, Abhandlungen = Schröter, J. Chr. R., Vermischte juristische Abhandlungen . . . . Bd. II. Halle (Gebauer) 1786.

Schuler-Libloy, R.G. = Schuler-Libloy, Fr., Deutsche Rechtsgeschichte. 2. Aufl. Wien (Braumüller) 1868.

Schulte, R.G. = Schulte, Friedr. Ritter v., Lehrbuch der deutschen Reichs- und Rechtsgeschichte. 6. Aufl. Stuttgart (Nitzschke) 1892.

Seibertz, Westfalen = Seibertz, J. S., Landes- und Rechtsgeschichte des Herzogtums Westfalen. 4 Bde. Arnsberg 1860—1875.

Siegel, G.V. = Siegel, Heinrich, Geschichte des deutschen Gerichtsverfahrens Bd. I. Gießen (Ricker) 1857.

Siegel, R.G. = Siegel, H., Deutsche Rechtsgeschichte. Ein Lehrbuch. Berlin (Vahlen) 1886.

Sohm, Fränk. V. = Sohm, Rud., Die Fränkische Reichs- und Gerichtsverfassung. Weimar (Böhlau) 1871.

Sohm, Prozeß = Sohm, Rud., Der Prozeß der lex Salica. Weimar (Böhlau) 1867.

Spangenberg, Beiträge zu R.A. = Spangenberg, E., Beiträge zur Kunde der teutschen Rechtsalterthümer und Rechtsquellen. Hannover (Hahn) 1824.

Spangenberg, Beiträge zu Rn. d. M. = Spangenberg, E., Beyträge zu den teutschen Rechten des Mittelalters ..... Halle (Gebauer) 1822.

Stobbe, Rquellen = Stobbe, Otto, Geschichte der deutschen Rechtsquellen. 2 Bde. Braunschweig (Schwetschke & Sohn) 1860, 1864.

Stobbe, G.V. = Stobbe, O., Die Gerichtsverfassung des Sachsenspiegels in Zeitschrift f. deutsches Recht, herausgegeben von Beseler .... Bd. XV. Tübingen (Fues) 1855.

Stobbe, Stände = Stobbe, O., Die Stände des Sachsenspiegels, ibidem.

Stüve, Gogerichte = Stüve, Dr. C., Untersuchungen über die Gogerichte in Westfalen und Niedersachsen. Jena (Frommann) 1870.

Sydow, Erbrecht = Sydow, R. v., Darstellung d. Erbrechts nach den Grundsätzen des Sachsenspiegels ... Berlin (F. Dümmler) 1828.

Unger, G.V. = Unger, Fr. W., Die altdeutsche Gerichts-Verfassung. Göttingen (Dieter. Buchh.) 1842.

Wächter, Beiträge = Wächter, Dr. Carl G., Beiträge zur deutschen Geschichte ..... Tübingen (Fues) 1845.

Waitz, V.G. = Waitz, Go., Deutsche Verfassungsgeschichte. 1.—3. Aufl. 8 Bde. Kiel (Homann) 1880, 1882, 1883, 1385, 1874—1878.

Waitz, Altes Recht = Waitz, G., Das alte Recht der salischen Franken. Kiel (Schwersche Buchh.) 1846.

Walter, R.G. = Walter, F., Deutsche Rechtsgeschichte. 2. Aufl. 2 Bde. Bonn (Marcus) 1857.

Weber, Centenar = Weber, Alfr., Der Centenar nach den karolingischen Kapitularien. Ausgew. Doktordissertationen der Leipz. Juristenfakultät. Leipzig (Veit & Comp.) 1894.

Wiarda, Asegabuch = Wiarda, F. D., Asega-Buch, ein alt-friesisches Gesetzbuch der Rüstringer. Berlin u. Stettin (Nicolai) 1805.

Wigand, Femgericht = Das Femgericht Westfalens aus den Quellen dargestellt .... Hamm (Schulz & Wundermann) 1825.

Wilda, Strafrecht = Wilda, W. E., Das Strafrecht der Germanen. Halle (Schwetschke & Sohn) 1842.

Zallinger, Schöffenbarfreie = Zallinger, Dr. Otto v., Die Schöffenbarfreien des Sachsenspiegels. Untersuchungen zur Geschichte der Standesverhältnisse in Deutschland. Innsbruck (Wagner) 1887.

Zöpfl, R.G. = Zöpfl, H., Deutsche Rechtsgeschichte. 4. Aufl. 3 Bde. Braunschweig (Wreden) 1872.

Zöpfl, Altertümer = Zöpfl, Heinrich, Altertümer des deutschen Reichs und Rechts .... 3 Bde. Leipzig u. Heidelberg (Winter) 1860, 1861.

III. Sprachliche Hilfsmittel.

Adelung, Wb. = Adelung, J. C., Grammatisch-kritisches Wörterbuch der hochdeutschen Mundart. 4 Bde. 2. Ausg. Leipzig (Breitkopf & Comp.) 1793—1801.

Du Change = *Glossarium mediae et infimae latinitatis conditum a. Carolo Dufresne Domino du Change* .... 7 Bde. Parisiis (Didot fr.) 1840—1850.

Grimm, Wb. = Grimm, J. u. Wilh., Deutsches Wörterbuch, vom 4. Band fortgesetzt von Weigand, Hildebrand, Heyne, Lexer u. Wülcker. Leipzig (Hirzel) 1854 ff.

Graff, Sprachschatz = Graff, E. G., Althochdeutscher Sprachschatz .... 6 Bde. Berlin (Nicolai) 1834, 1842. Index von Massmann, 1846.

Haltaus, Glossar = Haltaus, Chr. G., *Glossarium Germanicum medii aevi.* Lipsiae (J. F. Gleditsch) 1758.

Heyne, Wb. = Heyne, Moritz. Deutsches Wörterbuch. 3 Bde. Leipzig (Hirzel) 1890—1895.

Kluge, Etym. Wb. = Kluge, Friedrich, Etymologisches Wörterbuch der deutschen Sprache. 5. Aufl. Straßburg (Trübner) 1894.

Lexer, M. Wb. = Lexer, Mathias, Mittelhochdeutsches Wörterbuch. 3 Bde. Leipzig (Hirzel) 1872—1878.

Müller-Zarncke, Wb. = Müller, W. u. Zarncke, Mittelhochdeutsches Wörterbuch, mit Benutzung des Nachlasses von G. F. Benecke. 3 Bde. Leipzig (Hirzel) 1854 ff.

Richthofen, Altfries. Wb. = Richthofen, K. Frh. v., Altfriesisches Wörterbuch. Göttingen (Dieter. Buchh.) 1840.

Schade, Altd. Wb. = Schade, Oskar, Altdeutsches Wörterbuch. 2. Aufl. Halle (Waisenhaus) 1872—1882.

Schiller-Lübben, Wb. = Schiller, K. u. Lübben, A. Mittelniederdeutsches Wörterbuch. 6 Bde. Bremen (Kühtmann) 1875—1881.

Schmeller, Wb. = Schmeller, Andreas, Bayerisches Wörterbuch. 4 Bde. Stuttgart u. Tübingen (Cotta) 1827—1837.

Ziemann, Wb. = Ziemann, A., Mittelhochdeutsches Wörterbuch zum Handgebrauch. Quedlinburg u. Leipzig (Basse) 1838.

FSC
www.fsc.org
MIX
Papier | Fördert gute Waldnutzung
FSC® C083411

Kolibri 360 GmbH
Ferdinand-Jühlke-Straße 7
99095 Erfurt, Deutschland
produktsicherheit@kolibri360.de